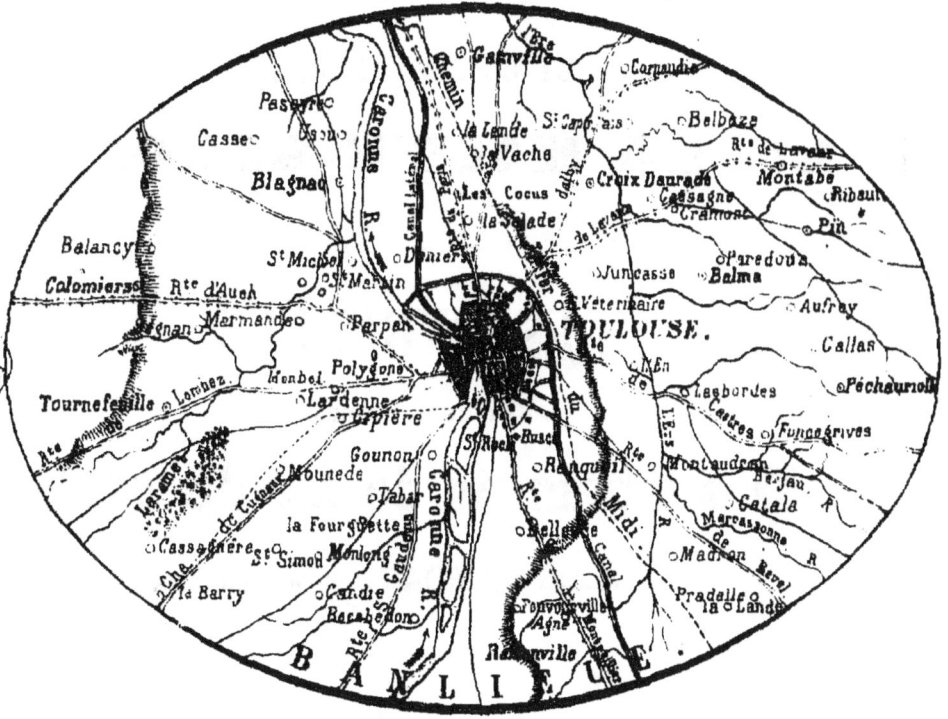

EXCURSIONS

DANS

TOULOUSE

ET LE DÉPARTEMENT

DE LA HAUTE-GARONNE

SUIVIES DE CELLES AUX EAUX MINÉRALES

DES PYRÉNÉES

ET DU PARCOURS

Des Chemins de fer du Midi

Par **Justin JOURDAN**, licencié en droit.

———

Avec Carte, Vignettes et Plan de Toulouse.

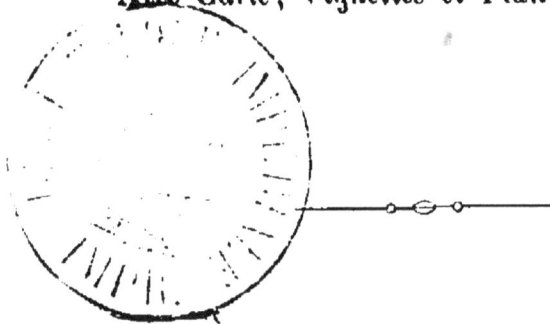

TOULOUSE,

CHEZ LES PRINCIPAUX LIBRAIRES.

—

1858

TOULOUSE — Imprimerie H. DE LABOUÏSSE-ROCHEFORT,
Rue des Balances, 43.

NOMENCLATURE INDICATIVE

ET TABLE ALPHABÉTIQUE.

—

APERÇU

PHYSIQUE ET GÉOLOGIQUE

DU DÉPARTEMENT DE LA HAUTE-GARONNE.

Le département dont nous avons à faire connaître en détail la ville qui en est le chef-lieu, tire son nom de sa position sur le cours supérieur de la Garonne ; il en est traversé dans toute sa longueur du sud-ouest au nord-ouest. Il a pour limites : au nord, le département de Tarn-et-Garonne ; au nord-est, celui du Tarn ; à l'est, celui de l'Aude ; au sud-est, celui de l'Ariége ; au sud, les monts Pyrénées qui, sur une longueur de 20 kilomètres, le séparent de l'Espagne ; à l'ouest, enfin, les départements des Hautes-Pyrénées et du Gers.

Aspect général. — Dans les neuf dixièmes de son étendue, le sol est entrecoupé presque partout de coteaux d'une longueur inégale et d'une médiocre élévation qui le coupent en divers sens, et cependant à d'assez grandes distances, pour que les parties unies présentent au voyageur des plaines spacieuses, fertilisées par de belles rivières et par un grand nombre de ruisseaux ; presque tous ces coteaux sont couverts de vignes qui donnent des vins de médiocre qualité. A l'extrémité orientale du département, le sol prend un certain exhaussement aux abords de la Montagne-Noire, située dans le département de l'Aude. Au sud, il est hérissé de hautes montagnes appartenant à la chaîne des Pyrénées, entre lesquelles s'ouvrent des *ports* ou cols plus ou moins accessibles. La *Maladetta* (montagne maudite), dont le sommet est en Espagne, et qui a sa base au pied du revers méridional du port ou passage de la Picade ; le *Pic Quaïrat* pic Equarri), le mont *Crabère*, semblent des bornes placées sur les confins du département, pour marquer la séparation de la France et de l'Espagne (1).

La partie supérieure de ces montagnes offre les scènes les plus pittoresques et les plus magnifiques. Là sont suspendus, au-dessus des forêts qui couvrent les premières zones, des lacs glacés d'une profondeur inconnue. Plusieurs lacs profonds se trouvent enfermés entre ces montagnes; d'affreux précipices et d'affreux rochers nus se voient assez souvent près de beaux pâturages, d'épaisses forêts et de riantes vallées; des sommets des montagnes d'Oo, de Venasque et de Crabère, jaillissent des cascades et tombent des torrents qui vont former des rivières, dont le bruit étonne au milieu de retraites profondes et solitaires. La grandeur et la variété infinie des aspects et des points de vue, le mélange de paysages charmants et d'une nature sauvage, produisent les sites les plus pittoresques que l'on puisse imaginer, et jettent le spectateur dans un espèce d'enchantement.

La pente des montagnes est d'environ 30 ou 40 degrés; en quelques endroits, elles sont à pic et droites comme un mur; quelques-unes même surplombent. Il en est ainsi principalement dans celles de granit et de calcaire primitif et à l'exposition du sud; leurs sommets paraissent généralement accessibles, excepté ceux des montagnes d'*Oo*, de *Quaïrat* et de *Charabide*, couvertes de glaces et de neiges éternelles. La direction des pentes et des vallées est généralement du nord au sud.

Les vallées les plus prolongées, les plus directes, et qui offrent les passages les plus faciles ou les plus fréquentés, sont celles de Luchon, dans laquelle on entre par le port de Venasque, celle d'Oo, et celle qui ouvre un passage à la Garonne, par l'endroit appelé le Pont du Roi (2).

Le département de la Haute-Garonne est justement renommé par sa grande fertilité, avantage qu'il doit autant a

(1) Girault de Saint-Fargeau, *Dictionnaire des Communes*, t. II, p. 91.

(2) Pour plus amples détails sur les sites, lacs et pics des Pyrénées, voir l'article *Eaux minérales* vers la fin du volume.

l'industrie de ses cultivateurs qu'à la bonté de son sol. Les récoltes en grains y sont ordinairement prodigieuses, surtout dans les parties à l'est et au sud de Toulouse. Celle qui est arrosée par le Petit-Gers est continuellement ensemencée, et donne des récoltes de la plus grande beauté. Les environs de Toulouse forment une des plus belles et des plus fertiles plaines qu'on puisse voir ; les terres des environs de Rieux sont si fertiles, qu'il y a des cantons où l'on fait deux récoltes par an. Quoique sillonnées par une multitude de rivières et de ruisseaux, il y a peu de prairies naturelles dans la Haute-Garonne, les bords des cours d'eau étant presque tous affectés à la culture des grains qui en est la plus considérable, et après elle vient celle de la vigne ; les prairies artificielles n'y sont pas non plus très-multipliées, mais l'étendue des terrains qu'on y affecte devient d'année en année plus considérable.

Climat. — Le bassin de la Haute-Garonne appartient à la région climatoriale, dite du climat girondin, qui généralement est doux et tempéré ; le thermomètre y descend rarement à moins de 12° centigrades. En été, il ne s'élève guère à plus de 32 à 36°. Mais la partie pyrénéenne du département, quoique au sud, est plus froide et beaucoup plus sujette à de brusques changements de température, en été surtout, par suite des vents qui arrivent des sommets glacés. Cette variation se fait moins sentir à Toulouse où on en éprouve cependant quelques effets. Les pluies sont assez fréquentes dans le pays en automne, en hiver et au printemps ; elles arrivent le plus ordinairement par les vents de l'ouest et du nord-ouest. Dans le Bas-Languedoc, au contraire, c'est le vent du sud, de l'est et du sud-est qui les y amènent. La Montagne-Noire est, en effet, entre les deux régions, une ligne de démarcation, une barrière naturelle qui des deux côtés arrête les nuages.

Voies navigables. — La Garonne, dans son parcours dans le département, reçoit tant à droite qu'à gauche un grand nombre d'affluents ; les trois principaux sont : le *Salat*, qui s'y jette près Mancioux, entre Saint-Martory et Martres ; l'*Ariége*, qui s'y jette près de Vieille-Toulouse, et le *Tarn*, qui s'y joint au-dessus de Moissac. Ces rivières, dans leur parcours sur le département de la Haute-Garonne, sont aussi navigables.

Le *Canal du Midi* et le *Canal Latéral* de la Garonne, commencent tous les deux à Toulouse. Le canal du Midi est dû au génie de Pierre-Paul Riquet, qui l'exécuta sur les plans de l'ingénieur Andréossi; commencé en novembre 1667, il fut livré à la circulation en mai 1681. On évalue le coût du canal à 34 ou 35 millions. Pendant les quinze années que dura sa construction, on exécuta des travaux dont l'immensité étonne l'imagination. Il fut déblayé 14,800,000 mètres cubes de terre, 3,700,000 mètres cubes de rochers, et bâti 3,000,000 de mètres cubes de maçonnerie. Ce canal commence à la Garonne, à 1,500 mètres environ de distance ouest de Toulouse; il contourne cette ville et passe même dans plusieurs de ses faubourgs au nord et à l'est. Il passe ensuite à Baziége, près de Villefranche-Lauragais, à Castelnaudary, où se trouve un très-grand bassin, à Carcassonne où il y en a aussi un autre servant de port, puis à Capestang, à Beziers, et enfin à Agde, après laquelle ville il entre dans l'étang de Thau qui en est à 5 kilomètres environ, et arrive jusqu'à Cette; de là, le canal cotoye les plages de la Méditerranée, et en suivant dans les étangs qui s'y trouvent, il arrive jusqu'au Rhône, par lequel les embarcations remontent jusqu'à Beaucaire. Le canal est alimenté par les eaux de la Montagne-Noire, que des rigoles et les réservoirs de Lampy et de Saint-Féréol réunissent, pour les faire arriver par les mille sinuosités de la grande rigole jusqu'au bief ou point culminant du canal (1). Son versant, du côté de l'Océan a, jusqu'à la Garonne, une longueur de 51,690 mètres. Le versant du côté de la Méditerranée a, jusqu'à la jonction dans l'étang de Thau, 187,555 mètres. Entre les deux versants, le canal a une étendue planimétrique de 4,847 mètres, de telle sorte que sa longueur totale d'un des points extrêmes à l'autre est de 244,092 mètres. La pente

(1) Voir pour la description du bassin Saint-Féréol l'article *Excursions à l'extérieur.*

du coté de l'Océan est de 63 mètres 60 centimètres. Elle est rachetée par 18 sas éclusés; celle du côté de la Méditerranée est de 189 mètres, et est rachetée par 49 sas éclusés. Le canal du Midi traverse les petites rivières du Fresquel et de la Cesse, à 2 kilomètres est du Somail, sur un pont-canal de 3 arches; il passe sous la rivière d'Orbiel, près et à l'ouest de Trèbes; sous la montagne percée ou grotte de Malpas, à 12 kilomètres ouest de Beziers; et en arrivant au pied de cette ville, il passe sur le magnifique pont-canal de 7 arches, construit sur l'Orb en 1856. Enfin, et près de Vias, à 6 kilomètres avant d'arriver à Agde, le passage du torrent de Libron a lieu sur des aqueducs mobiles. Jusqu'en 1857, le canal une fois arrivé aux bords de l'Orb, à Beziers, se continuait par un parcours de plusieurs centaines de mètres sur cette rivière, avant de reprendre à l'autre bord; il en était de même à Agde, où un parcours plus long avait aussi lieu dans les eaux de l'Hérault. Il résultait de là de grands inconvénients pour la navigation, lorsqu'il survenait quelque grande crue d'eau, quelque inondation de ces rivières ou petits fleuves. On y a remédié par les grands travaux exécutés à Beziers, où se trouve maintenant ce pont monumental que le touriste ne doit pas négliger de visiter, et par les autres travaux faits aussi à Agde, où l'on ne fait plus que traverser l'Hérault pour reprendre, de suite à l'autre bord, le canal. Comme on le voit, par cette brève indication, des ouvrages d'art existant sur tout le parcours du canal du Midi, ils se trouvent presque tous dans son versant vers la Méditerranée; sur l'autre versant, on n'a guère que ceux des docks et ports à Toulouse, et ceux de l'embouchure dans la Garonne.

Le *Canal Latéral*, construit pour servir de continuation au précédent, a son origine dans le bassin de l'embouchure, et arrive jusqu'à Castets, village situé à 9 kilomètres au-dessus de Langon (Gironde), et à 52 kilomètres de Bordeaux. Sa longueur est de 190 kilomètres; à Moissac, il traverse le Tarn sur un magnifique pont; à Agen, il passe de la rive droite à la rive gauche de la Garonne sur un autre pont-aqueduc très-long et très-beau; on n'y compte pas moins de 23 arches. Ce pont abrége le trajet des deux points extrèmes en rivière de 44 kilomètres, et il remédie aux dangers de la navigation pendant la saison des basses eaux.

Routes et chemins. — Le département de la Haute-Garonne est un des mieux favorisés sous l'important rapport des voies de communication. En outre des rivières navigables et des canaux dont il vient d'être question, il est traversé par 7 routes impériales, dont le parcours total dans le département est de près de 349 kilomètres.

Routes impériales.

N° 20. — De Paris à Toulouse et en Espagne..	70ᵏ 078ᵐ
N° 88. — De Lyon à Toulouse par Alby.. . . .	27 319
N° 112. — D'Agde à Toulouse.	25 030
N° 113. — De Narbonne à Toulouse.	43 412
N° 117. — De Perpignan à Bayonne.	49 670
N° 124. — De Toulouse à Bayonne.	19 571
N° 125. — De Toulouse à Bagnères-de-Luchon.	113 891

Total en kilomètres dans le département. . . . 348ᵏ 971ᵐ

Routes départementales

PAR ORDRE ALPHABÉTIQUE.

Baziége à Lavaur par Caraman.

Boulogne à Ponlat.

    dito à Martres, par Aurignac.

Cierp en Espagne, par St-Béat.

Grenade à Lombez, par Lévignac.

Montauban à Lavaur, par Caraman.

Montvert à Verfeil.

Muret à Auterive.

    dito à Boulogne, par Rieumes.

Rieux à Saint-Ybars.

Rodez à Tarascon.

Saint-Gaudens à Aspet.

    dito à Encausse.

    dito à Lombez.

    dito à N.-D. du Bazert.

Saint-Martory à St-Béat, par Montsaunés.

Toulouse à Bayonne, par Lombez.

    dito à Castres, par Puylaurens.

    dito à Lectoure par Mondonville

    dito à Mirepoix, par Gardouch.

    dito à Montauban, par Fronton.

    dito à Revel, par Caraman.

    dito à Salvagnac, par Villemur.

    dito à Sorèze, par St-Félix.

    dito à St-Girons, par Rieux.

    dito à St-Nicolas-de-la-Grave, par Grenade.

    dito à St-Sulpice par Beaumont.

Verdun à Cadours.

Villefranche à Auterive, par Nailloux.

    dito à Foix, par Pamiers.

    dito à Revel.

Villemur à Montauban.

Le parcours ou développement total dans le département de la Haute-Garonne des 31 routes sus-énumérées est de près de 812 kilomètres.

Chemins vicinaux de grande communication

Aspet à Portet.
Auterive à Samatan.
Bagnères-de-Luchon à Aure.
Cazères au Bourg St-Bernard.
Cologne à Lavaur.
Fourcq à Arbas.
Lagardelle à Gaillac-Toulza.
Lombez à Pinas.
Mazères à Saint-Julia.
Mauléon à Labroquère.
Miramont à Mane.
Molas à Sainte-Croix.
Montbardon à Saint-Béat.
Montpezat à Cintegabelle.
Montréjeau à Boulogne.
Nailloux à l'Ile-Jourdain.
Ninignan à Thermes.
Revel à Castres.
Rieux à Lacave.
Saint-Gaudens à Sainte-Foy.
Saint-Martory à l'Ile-en-Dodon.
Toulouse à Auterive.
Toulouse à Baziége.
Toulouse à Bessières.
Toulouse à Cologne.
Toulouse à Polastron.
Toulouse à Saint-Félix.
Verdun à Villemur.
Villaudric à Bouloc.
Villebrumier à Mézens.
Villefranche à Grenade.

Quant aux chemins vicinaux de *moyenne* et à ceux de *petite communication*, le tableau en serait trop long : leur nombre, en effet, est de 53 pour les premiers, et de 3,617 pour les seconds. Si nous les considérons, sous le rapport de leur complet développement, dans le département, ces derniers, ou la 3e classe, nous donnent un total de 6,552 kilomètres ; — les premiers, ou la 2e classe, offrent un total de près de 572 kilomètres. Et quant à ceux de la 1re classe, dont le tableau est ci-dessus, ils ont un développement de 997 kilomètres. Le total général en kilomètres des trois classes de chemins vicinaux réunies est de 8,121.

Voies ferrées. — Il est fourni plus bas un aperçu sur les chemins de fer dont le département de la Haute-Garonne se trouve ou doit être doté (1).

(1) Voir l'article *Position géographique ou relative de Toulouse*, et l'article *Chemins de fer du Midi*.

Productions naturelles. — La partie méridionale du département appartient à la région géologique dite *des Pyrénées*, tandis que la partie septentrionale appartient à la région de l'Aquitanie, que l'on nomme aussi *bassin de Bordeaux*. Dans la première, on rencontre le granit, des calcaires et des schistes de transitions jurassiques et crétacées; dans la seconde se montrent les terrains argilo-sableux tertiaires, découpés par une multitude de vallées et de vallons à pentes peu rapides.

Minerais métalliques. — Le département est riche en substances minérales; la Garonne et le Salat roulent, dit-on, des paillettes d'or, et elles ont cela de commun avec l'Ariége et d'autres rivières descendant des Pyrénées, où s'en trouvent les gites tout-à-fait inconnus. Il n'y a pas très-longtemps que la recherche de cet or d'alluvion occupait un certain nombre d'orpailleurs; aujourd'hui cette petite industrie est à peu près éteinte.

Plomb. — Le gite le plus riche de la Haute-Garonne paraît être celui de la montagne d'*Uls*, au voisinage du *Crabère* (Melles); malheureusement il est très-élevé et éloigné de la route qui passe à *Fos*, où il faut descendre la mine à grands frais. Les autres gites sont pauvres relativement à celui-ci. Les plus connus sont : *Val de Squierri* et lac *glacé* (vallée d'Oo), hospice et port de *Venasque*, *Artigue-Tellin*, *Sacourvielle* et *Moustajou*, près Luchon; pont de *Cazaux* (vallée de la *Pique*); Argut (vallée d'*Aran*). Tous ces minerais ont été l'objet de recherches et d'exploitations; on les a plus ou moins utilisés dans la grande fonderie de Saint-Mamet, près Luchon, dont les travaux sont suspendus depuis quelques années.

Cuivre. — Il n'y a aucun gisement de minéraux cuivré digne d'être signalé. Il en est de même du *Manganèse*.

Combustibles fossiles. — Le département ne possède pas le terrain qui renferme la véritable houille; mais il offre quelques gites insignifiants de lignite à la partie supérieure du terrain crétacé. C'est en général un lignite compacte (*jayet*), qu'accompagne presque toujours une substance résineuse, sous forme de rognons. — Il existe, en outre, dans la vallée de la Garonne, quelques dépôts tourbeux sans importance.

Marbres. — Notre pays est mieux partagé sous ce rapport qu'il ne l'est en métaux et en charbon fossile. Un marbre statuaire, déjà très-connu et très-apprécié, est activement exploité à *Saint-Béat*, où il constitue une montagne entière. La même localité offre une brèche calcaire un peu pâle, à texture cristalline, qui était exploitée du temps des Romains, et dont plusieurs monuments de Toulouse présentent de beaux specimen. — A *Arguenos*, au pied du *Cagire*, se trouve un autre gisement de marbre lamellaire cristallin d'un très-beau blanc, comparable au marbre de *Paros*. — Des marbres *griotte* et *vert* de *Moulin*, aussi beaux que ceux de *Caunes* (Aude), forment une bande étroite, mais presque continue dans les environs de *Cierp* et *Signac*, où le marbre a été déjà exploité, et à *Argut-Dessus*, dans la vallée d'Aran. Les mêmes matériaux, par suite de bouleversements géologiques, se représentent encore plus haut au voisinage de *Luchon*, dans la vallée d'*Oueil*. Il en existe une carrière à *Jurvielle*. Les terrains jurassiques et crétacés placés plus haut que les précédents dans l'échelle géologique, mais plus bas au point de vue de la topographie, renferment plusieurs sortes de marbre d'une couleur grise ou noirâtre, dont quelques-uns sont remarquables par les accidents de coquilles et autres qui les caractérisent : tels que les brèches portor de *Sauveterre*, le marbre coquillier et à serpules de cette localité et de *Barbazan*, le marbre noir de *Cier-de-Rivière*, d'*Aspet* et d'autres localités, le marbre coquillier, dit callaire à dicérates de *Gourdan*, etc. Il faut encore signaler particulièrement le marbre nankin glanduleux du *Mancioux*, qui appartient à la partie la plus récente des terrains subordonnés aux Pyrénées (terrain épicrétacé), et enfin, les stalactites de *Montbrun*, dont on peut voir de magnifiques plaques dans les ateliers de MM. Virebent et Doat, à Toulouse.

Ces marbres sont sciés et travaillés dans plusieurs établissements à Toulouse. — Il existe aussi des scieries à Roquefort, à Boussens et à Mancioux.

Pierres lithographiques. — Le terrain pyrénéen supérieur

(épicrétacé), qui constitue les basses montagnes de l'arrondissement de *Saint-Gaudens*, offre une assise de calcaire compacte, d'une pâte extrêmement fine, qui pourrait être utilisé comme pierre lithographique, si on pouvait le débiter facilement en dalles sans fissures.

Ardoises. — Le terrain de transition des environs de *Bagnères-de-Luchon* offre plusieurs assises de schiste tégulaire ou ardoise, exploité en plusieurs localités (Gouaux-de-Larboust, col de la Glère). Il y a encore une exploitation à Argut, vallée d'Aran.

Pierres de taille. — Il en existe de plusieurs sortes dans les terrains de transition et jurassiques des Pyrénées. Nous citerons les carrières de *Séglan*, de *Proupiary*, et celles de *Belbèze* et de *Furnes*. Celle-ci donne un grès calcaire roux, et la carrière de Belbèze, une pierre blanchâtre : toutes les deux tendres et faciles à tailler. La dernière est beaucoup employée à Toulouse, pour les appuis de croisées, les marches d'escalier, les dalles. Ces deux calcaires appartiennent au terrain épicrétacé, qui forme l'élément le plus récent des Pyrénées.

Pierres à *plâtre*, à *chaux.* — Le gypse cristallin (pierre à plâtre) abonde dans les environs de *Salies, Montsaunés, Cassaigne, Marsoulas*, où il est exploité en un assez grand nombre de points. Cette matière, qui est d'une pureté remarquable, se trouve là en relation intime avec une roche éruptive verte *(ophite)*, et on remarque dans le voisinage de ces roches ou monticules, l'existence de sources séléniteuses et de sources salées.

Argile. — Dans les plaines surtout, les variétés de matières argileuses ou argilo-sableuses, propres à la fabrication des tuiles et des briques, ne manquent pas, mais on trouve bien peu d'argiles proprement dites (celles à poterie et à faïencerie); celles-ci ont leur place fixe à la partie supérieure des plus hautes collines tertiaires. C'est dans cette position que se trouve l'argile blanche, et jusqu'à un certain point, réfractaire du *Fousseret* et de *Marignac*, et l'argile de *Cox* (canton de Cadours), village dont la fortune repose sur ses nombreuses poteries. L'argile du Fousseret et de Marignac constitue la matière première essentielle des faïenceries de *Valentine*, de *Martres*, de *Boussens*, de *Salies*.— Les poteries de Villemur et de Toulouse utilisent les terres de *Cox* et du *Fousseret*. Cette dernière terre est aussi employée conjointement avec celles extraites du terrain tertiaire de *Saint-Loup*, par les frères Virebent ou leurs successeurs, dans la confection de leurs pâtes céramiques.

Le *Kaolin*, ou terre à porcelaine, est habilement et judicieusement exploré et exploité dans la partie montueuse de la Haute-Garonne, par MM. Fouque et Arnoux, pour leur fabrication de porcelaines, à *Valentine*. Les amas les plus considerables qu'on en trouve sont aux environs de *Milhas*, canton d'Aspet.

Les *Sables* de mine et de rivière ne manquent pas, mais il est bon de signaler particulièrement, dans les couches supérieures pyrénéennes *(Latoue, Saint-Martory)*, une assise composée d'un sable quartzeux, très-blanc, pouvant servir à la fabrication du verre.

Les *Marnières* ne manquent pas non plus, et l'usage de cet amendement prend tous les jours plus d'extention.

Les *Eaux minérales* sont en abondance comme dans les autres départements pyrénéens. Elles feront l'objet d'un article spécial auquel nous renvoyons le lecteur.

Nature du sol. — La terre peut être classée, suivant sa nature, en terrain argilo-sableux, en terre-fort ou argilo-calcaire et en boulbène ou silico-argileux. La première constitue un excellent sol propre à toutes les récoltes, mais particulièrement au blé, au maïs, au trèfle et à la luzerne. Il résiste aux sécheresses de l'été et conserve fort longtemps le principe fertilisant des engrais. Les vallées du *Touch*, de l'*Hers*, du *Girou*, la rive droite de la *Garonne*, les bords du canal et quelques parties de l'arrondissement de *Saint-Gaudens*, sont constitués avec ce terrain précieux. — On désigne sous le nom de *terre-fort* un sol plus spécialement naturel aux coteaux et à certains plateaux supérieurs; les terrains de cette composition, sans avoir l'excellence du premier, comportent la culture de toutes les céréales. On remarque des terres ainsi constituées dans tout le départe-

ment, et notamment dans l'arrondissement de *Villefranche*.
— Les *boulbènes* ou terres silico-argileuses, dominent surtout dans les plaines. Ce mélange de silice et d'argile, le
plus souvent siliceux, est très-pauvre en calcaire; il a besoin
d'être saigné et réchauffé par des engrais énergiques et par
l'emploi des fumiers combinés avec l'application de la marne
et de la chaux. Il se rencontre dans diverses parties de
chacun des arrondissements. Cette nature du sol est un peu
plus fertile quand l'argile entre pour une plus grande part
dans sa composition.

Agriculture. — La moyenne propriété domine dans la
Haute-Garonne, à l'exception de la partie sud de l'arrondissement de Saint-Gaudens, où le morcellement du sol se fait
remarquer. Les domaines dépassant 100 hect. sont assez
rares; le plus grand nombre est de 20 à 40 hect. Ils sont
généralement cultivés par des métayers et des maîtres
valets. Le fermage est très-peu usité; le métayage, qui
associe aux bénéfices les agents de la culture, est préféré
par les propriétaires résidant dans les villes; ceux, au contraire, qui s'adonnent presque exclusivement à l'agriculture,
emploient des maîtres valets ou des domestiques qui, payés
en nature et en argent, sont entièrement à leur disposition.
Il faut aussi compter, dans la classe ouvrière employée à la
culture, les *estivandiers*, ou *solataires*, ou *métiviers*, dont le
salaire est le 8e, le 9e, le 10e ou le 11e de la récolte brute; il
y a, en outre, des journaliers payés à prix fait ou à la journée, et enfin des bergers.

La Haute-Garonne est, on le sait, un des départements où la culture est la plus avancée ; aussi produit-il de
très-riches moissons de céréales qui dépassent de beaucoup
les besoins de la consommation locale. On y en cultive de
toute espèce, et de plus, maïs, millet noir, sarrasin, pommes
de terre, légumes secs, ail en abondance, chanvre-lin, me-
lons en pleine terre, châtaignes, truffes, tabac, quantité de
plantes indigènes et exotiques, arbres fruitiers, orangers
pour les fleurs. Il y a de 45 à 50,000 hectares de vigne qui
produisent 650,000 hectolitres de vin, dont 200,000 sont con-
sommés dans le pays, et le surplus livré au commerce. Les

principaux vignobles sont ceux des arrondissements de Toulouse et de Muret ; les crûs les plus estimés sont ceux de : Villaudric, Fronton, Montesquieu-Volvestre, Capens, Buzet et Cugnaux. Les essences principales des forêts sont le chêne, le hêtre, le bouleau, etc. Il y a dans la montagne de belles forêts d'arbres verts ; leur étendue dépasse 85,000 hectares. La flore du département est comme celle des contrées pyrénéennes, d'une richesse extrême ; elle étale, depuis la plaine et les vallées, jusqu'à la limite des neiges perpétuelles, les mille variétés de la zône tempérée et de la zône glaciale ; aussi M. Picot de Lapeyrouse a-t-il pu décrire dans sa Flore des Pyrénées plus 3,600 espèces différentes ; encore cette longue liste s'est-elle beaucoup accrue depuis.

Les animaux domestiques sont généralement de bonne espèce : la race des chevaux et des bœufs est assez belle ; il y a beaucoup de mulets, d'ânes et de moutons ; quantité de porcs et de volailles, notamment d'oies, dont il se fait une grande consommation et dont on fait des salaisons estimées ; leurs foies, fort recherchés, font l'objet d'un commerce important. Les plaines nourrissent beaucoup de pigeons. — Il y a quelque peu de ruches à miel, et on s'y occcupe aussi un peu de vers à soie. Le gibier abonde, le chevreuil est rare, mais on trouve des sangliers et beaucoup de lièvres, de lapins, de perdrix, de cailles, d'alouettes, etc., etc. Comme dans les autres départements des Pyrénées, les ours et les isards ou chamois occupent les hautes montagnes, ainsi que l'aigle brun et quelques variétés d'oiseaux de proie. Les rivières sont très-poissonneuses : les truites ordinaires et les truites saumonées sont communes, la lamproie, l'esturgeon, l'alose et le saumon remontent la Garonne, et dans quelques ruisseaux de l'arrondissement de Muret, on pèche de belles écrevisses.

Industrie. — Le département de la Haute-Garonne ne peut être qualifié d'industriel ; ce n'est en quelque sorte que par exception qu'on y rencontre quelques manufactures. Les cours d'eau qui le parcourent font bien mouvoir près de 1,500 usines, parmi lesquelles 586 prennent leur force motrice dans des ruisseaux ou rivières non navigables, ni flottables; mais presque tous ces établissements sont des moulins ou des scieries qui tirent leur raison d'être de la production agricole. Les moulins fariniers font à eux seuls les neuf dixièmes du nombre total des 1,500 usines; les scieries en prennent 65, en sorte qu'il n'en reste que 80 et quelques pour les industries diverses.

L'arrondissement de Villefranche ne compte pour rien dans cette dernière catégorie. — Des moulins à vent en assez bon nombre, 2 à eau, 2 tanneries et 65 briqueteries, voilà tout ce que nous offre ce pays; le Lauragais est, en effet, essentiellement agricole.

Celui de Muret est un peu moins pauvre en industrie; on y trouve disséminées, au château de la Terrasse, près Carbonne, une belle fabrique de limes et d'aciers, dont les produits sont estimés; à Martres, quelques faïenceries; à Cazères, 2 manufactures de draps communs, 2 grands moulins fariniers, l'un à Rieux, l'autre à Auterive; des faïenceries, enfin, des poteries, 3 filatures de laine, 2 fouleries, 3 teintureries, 1 papeterie, etc., sur ces divers points.

L'arrondissement de Saint-Gaudens appelle plus vivement l'attention. L'industrie y est là l'auxiliaire de l'agriculture, dont les produits ne suffisent pas à la consommation locale. La Garonne et le Salat sont bordés de nombreuses usines; les cantons de *Saint-Gaudens*, *Montréjeau*, *Salies*, *Saint-Martory*, *Saint-Béat* et *Aspet*, offrent, dans les localités favorablement placées pour cela, des filatures de laine, des teintureries, des fabriques de draps communs, de porcelaine, de papeterie, des fours à chaux et à plâtre. Aurignac et Montréjeau se distinguent par leurs tanneries et leurs mégisseries; trois forges à la catalane sont à *Touille*, *Gaud* et *Guran*; elles sont alimentées par le minerai de Rancié (Ariége). A *Valentine*, et en outre de sa fabrique de porcelaine, existe une petite fabrique produisant à peu près 30,000 kilogrammes d'aciers par an. L'usine de *Touille* en fabrique 150,000, 336,000 de fer à la catalane, 180,000 faulx de diverses longueurs; sa fabrication annuelle, en un mot, peut être évaluée à 650,000 fr. Il y a une verrerie, des faïenceries, etc., etc., dans cet arrondissement.

Les établissements industriels doivent naturellement se

grouper là où existent les plus grandes ressources ; pourquoi faut-il qu'il en soit autrement dans la Haute-Garonne, et qu'on soit en droit de s'étonner de trouver à Toulouse, ville populeuse et riche, si peu de manufactures? L'industrie des métaux s'y développe cependant dans un important laminoir d'où le cuivre et le plomb vont approvisionner les départements méridionaux, l'Algérie et le nord de l'Espagne ; dans une usine où les fontes du Périgord servent à la fabrication des fers, où le fer et l'acier sont laminés et d'où il en sort tous les ans plus d'un million de kilogr., fabriqués sous diverses formes, et grande quantité d'aciers pour ressorts de voitures ; dans plusieurs autres branches, enfin, à énumérer plus bas, quand il sera question du commerce et de l'industrie de la ville, qu'il s'agit de décrire maintenant, comme étant le grand centre du pays dont la statistique vient d'être présentée.

Toulouse est en effet et le chef-lieu de la Haute-Garonne, et le quartier-général de la 12e division militaire, duquel dépendent aussi le Tarn et le Tarn-et-Garonne ; elle réunit Cour impériale, Archevêché, Église consistoriale, Division des ponts-et-chaussées, Conservation des eaux et forêts, Direction des douanes, etc., etc. Son Académie universitaire est une des plus importantes de France. Elle a : Faculté de droit, Faculté des sciences, Faculté des lettres, École préparatoire de médecine, chirurgie, pharmacie, École vétérinaire, Lycée impérial de première classe, Institut de sourds-muets. Il y a Académie des sciences, Inscriptions et belles-lettres ; et ce n'est, enfin, qu'à Toulouse qu'on trouve une Académie des Jeux-Floraux, distribuant ses rameaux et fleurs d'or et d'argent aux fidèles adeptes du culte de Clémence-Isaure. On voit que cette grande cité possède tous les établissements d'instruction, et toutes institutions scientifiques et littéraires, pouvant contribuer à lui faire conserver l'épithète de *Toulouse* la *savante ;* aussi est-elle le grand centre vers lequel convergent les départements limitrophes et d'autres encore plus ou moins voisins.

Tableau synoptique du département de la Haute-Garonne.

NOMS DES Arrondissements.	NOMBRE de cantons.	POPULATION.	SUPERFICIE en hectares		SUBDIVISION DES TERRES IMPOSABLES.						Observation.
			au total.	en terres imposables.	Jardins.	Terres arables.	Prés.	Vignes.	Bois, ramiers, etc.	Landes et pâtures.	
Toulouse.	12	176,489	159,978	152,799	1,504	102,834	5,857	22,252	16,791	3,561	La différence de 33,139 hectares entre la contenance totale et celle imposable du département, consiste en rivières, canaux, routes et voie publique, forêts de l'État, cimetières, églises, bâtiments d'utilité publi- que, etc.
Villefranche.	6	65,039	93,991	91,464	381	73,664	2,859	5,406	6,531	2,623	
Muret.	10	92,987	162,859	158,100	922	104,758	6,100	17,461	22,199	6,660	
St-Gaudens.	11	147,096	211,771	193,098	1,253	79,707	24,288	6,952	46,929	33,969	
TOTAUX. . .	39	481,611	628,599	595,461	4,060	360,963	39,104	52,071	92,450	46,813	

Le revenu territorial est d'environ . . . 24,000,000.
Les contributions et revenus publics de 16,000,000.
Le département, dans la statistique de la France, est mis :
Au 7e rang pour les procès en matière commerciale ;
Au 30e, pour ceux en matière civile ;
Au 15e, pour les enfants trouvés et abandonnés ;
Au 27e, pour le paupérisme ;
Au 34e, pour le nombre des enfants naturels ;
Au 39e, pour les crimes contre les propriétés ;
Au 41e, pour les crimes contre les personnes ;
Au 42e, pour le nombre des infanticides ;
Au 53e, sous le rapport de l'instruction primaire ;
Au 70e, sous le rapport du nombre des suicides ;
Au 71e, sous le rapport du nombre des mendiants.

TOULOUSE ANCIENNE.

Quelle que soit l'origine du nom *Tholosa*, toujours est-il qu'il ne faut pas la voir sur la pierre trouvée, en 1719, dans l'aqueduc souterrain de la fontaine Saint-Étienne, et sur laquelle était gravé ie mot *Tholus*. Cette découverte avait rempli de joie les archéologues de l'époque ; mais on ne fut pas longtemps à s'apercevoir que ce mot ne signifiait autre chose qu'entrée ou *clef de voûte*, comme était, en effet, la pierre en question. Toujours est-il aussi que Toulouse existait lorsque, 300 ans avant notre ère, les Tectosages, une partie des peuples guerriers (Belg-Belges) qui envahirent les Gaules, l'occupèrent et en firent leur capitale. Depuis quel temps existait-elle alors et depuis quand se trouvait-elle à l'état de ville bâtie? C'est ce que personne ne peut rigoureusement préciser.

200 ans après, elle tomba sous la domination des Romains, qui la laissèrent néanmoins se gouverner d'après ses lois et coutumes, sans en faire une colonie romaine, proprement dite, comme était *Narbonne*.

Lorsque ceux-ci furent en décadence vinrent les Visigoths qui, en 409 de notre ère, firent de Toulouse le siége de leur royauté élective, qui ne fut pas sans éclat, mais ne dura qu'un peu moins de cent ans, et jusqu'en 507, où Clovis, ayant vaincu les Visigoths, vint ensuite s'emparer de leur capitale. Alors ce furent des délégués de la royauté franque, *ducs* et *comtes* qui eurent le gouvernement de l'Aquitaine. Il y eut même à deux reprises, et pendant quelques années, nouvelle apparition de royauté.

Après cette royauté éphémère, Toulouse, lors de l'établissement de la grande et petite féodalité en France sous les derniers et indignes rejetons de Charlemagne, fut dévolue, ainsi que tous les pays à peu près composant autrefois son royaume d'Aquitaine, et s'étendant des Pyrénées au Rhône, à une famille de comtes héréditaires.

Le gouvernement de ces comtes, qui dura de 877 à 1271, est la plus belle époque de l'histoire de Toulouse. Mais aussi, et sous les deux derniers Raymond, que de sang répandu, que de désastres produits au nom de la religion!..... Rien d'étonnant..... c'était l'époque du despotisme mitré.

La guerre des Albigeois finie par leur extermination à peu près complète, la puissance qu'on vit dominer à Toulouse depuis la réunion des états des comtes à la couronne, y implanta le fanatisme le plus implacable; et Toulouse eut, avec elle ou par elle, l'insigne honneur d'être le berceau de l'inquisition, qui, plus tard, eut des adjudants puissants dans les membres de son parlement et jusque dans son capitoulat.

La révolution de 1789 vint mettre ordre à tout. Depuis lors Toulouse, délivrée des atrocités de l'intolérance, si elle n'a pas été tout-à-fait exempte d'émotions pénibles, d'évènements regrettables, a pu, du moins, cheminer à travers les secousses occasionnées par les changements successifs de gouvernement, vers le calme dont elle jouit.

On a souvent agité la question de savoir si la ville a toujours occupé l'emplacement où elle se trouve. Ceux qui veulent nous lire l'histoire, non pas des hommes seulement, mais des peuples aussi, dans des tronçons de pierre et dans les caractères plus ou moins nébuleux ou indéchiffrables des inscriptions, assignaient sa place sur les côtes de Pech-David; il est bien définitivement reconnu aujourd'hui que l'emplacement actuel de Toulouse est bien celui de tous les temps de son existence. Il en a donc été à cet égard, ce qu'il en fut de la pierre *Tholus*, qui devait pourtant servir à ces antiquaires de l'époque, à prouver l'existence d'un roi, qu'ils appelaient, en effet, *Tholus*; et il était l'un des petits-fils de Japhet!..... Et *Isauret*, donné pour père à Clémence-Isaure, était, à les en croire, un des descendants en ligne collatérale dudit *Tholus*!...

Toulouse vue d'ensemble en son état présent.

Dans son état actuel, la ville de Toulouse, proprement dite, présente, par la ligne demi-circulaire de ses boulevards, un périmètre à peu près ovale très-déprimé à l'ouest, par la courbe rentrante de la Garonne qui baigne les quais formant sa ceinture de ce côté.

Sur les bords du fleuve opposés à celui-ci est le grand faubourg Saint-Cyprien formant triangle, dont deux côtés, ceux faisant face à la ville, sont baignés par les mêmes eaux ; le troisième, que l'on peut appeler la base de ce triangle, est démarqué par un long boulevard, partant du fer à cheval (route de Muret) où aboutit le pont Saint-Michel pour relier le sud de la ville au faubourg ; et ce boulevard file en droite ligne au-delà des abattoirs jusqu'à la rivière, et à 400 mètres en aval de la chaussée du Bazacle.

A ce même angle du fer à cheval sont les belles allées du cours Dillon, arrivant de là jusqu'au Pont-Neuf, qui, sur le point où il se trouve, sommet du triangle faubourien, opère la jonction de celui-ci avec la ville, sur le milieu de la courbe de ses quais.

Si maintenant on supposait exister réellement cet autre quai, qui n'est que *projeté*, au-devant des murs des hôpitaux Saint-Jacques et plus loin Saint-Joseph, cette nouvelle ligne aboutissant au point où nous avons vu qu'arrive le boulevard, partant du fer à cheval, complèterait la ceinture du faubourg Saint-Cyprien, qui, dans ce cas, se trouverait embrassé sur ses trois faces, comme l'est la ville dans tout son pourtour, par des quais et par un joli boulevard.

La ville jouit, en outre, elle-même d'une autre ceinture qui, certes, n'est pas à dédaigner : ce sont les francs-bords du canal du Midi, formant pour elle, à l'est et au nord, une sorte de boulevard extérieur. Cette grande courbe, ondulant gracieusement depuis le port Saint-Sauveur jusqu'au point de jonction de ce canal en Garonne au-delà des ponts Jumeaux, est ombragée d'arbres dans tout son parcours accidenté d'écluses, de ponts et de petites usines; elle offre donc au promeneur de quoi bien satisfaire ses goûts.

A l'ouest de la ville, mais toujours sur la rive droite de la Garonne, nous avons d'abord le boulevard et le faubourg *Saint-Pierre*, qui a pris un peu plus d'extension depuis la construction des casernes Monumentales sur ce point.

Et un peu plus à l'ouest encore, ce faubourg Saint-Pierre est avoisiné par le quartier des *Amidonniers*, que le canal de *Brienne* en sépare, et qui a ses usines de toute espèce distribuées tout le long du canal de fuite venant du moulin du Bazacle.

Toujours en dehors de la ligne des boulevards, mais au nord, est le faubourg *Arnaud-Bernard* ; plus loin et au-delà du canal où se termine celui-ci, vient le faubourg des *Minimes* ; ils ne consistent tous les deux qu'en maisons ou constructions échelonnées, presque toutes sur la longue avenue de la route de Paris.

Au nord-est, est le faubourg *Matabiau* qui s'étend jusqu'au canal; et au-delà du canal, est le faubourg *Bonnefoi*, tous les deux garnissant l'avenue de Lyon ou route d'Albi, et s'agrandissant l'un et l'autre énormément tous les jours; le premier, dans tout l'espace compris entre l'entier boulevard Napoléon et la ligne du canal dans toute la longueur occupée par la gare sur le bord opposé; le second, en envahissant en dessus de la gare et de l'Ecole vétérinaire, tout le coteau au sommet duquel nous voyons l'Observatoire et l'Obélisque du 10 avril.

Suivant toujours vers l'est, nous avons de l'autre côté des allées Louis-Napoléon le faubourg *Saint-Aubin* qui embrasse tout le grand espace entre le boulevard du même nom et le canal, et depuis ces allées jusqu'à la rue du faubourg Saint-Etienne en continuant jusqu'au pont Guilleméry.

Vient ensuite ce faubourg *Saint-Etienne* qui prend l'espace compris entre l'allée du même nom et les ports du canal. C'est dans ce faubourg qu'est le gros commerce des denrées du Midi, et autres produits venant principalement par le canal. Et en delà de la ligne des ports est le faubourg *Guilleméry*, sur la route de Castres et les hauteurs qu'elle franchit.

Enfin, et tout-à-fait vers le sud de la ville, après nous être bien à l'aise promenés dans le vaste Boulingrin et les diverses allées qui y aboutissent et dépendent toutes du faubourg Saint-Etienne, sauf l'allée *Saint-Michel,* nous avons, à partir de celle-ci jusqu'au bras de la Garonne où est le Port-Garaud, le faubourg de ce même nom *Saint-Michel,* largement éparpillé et rayonnant par trois longues artères, sans qu'elles en soient pour cela mieux peuplées, dont l'une va jusqu'au Busca, l'autre à la barrière de Montpellier, et la troisième à celle de Saint-Roch où se trouve le Calvaire.

Telle est dans son ensemble et dans ses écarts la ville de Toulouse, ainsi qu'on le voit bien mieux encore en jetant un coup-d'œil sur le plan géométrique qui en est donné.

L'indication raisonnée de tous les établissements, monuments et curiosités, va être faite au moyen d'itinéraires par grandes divisions, pour l'intérieur d'abord, délimité par les boulevards et les quais; et puis pour les faubourgs et la banlieue, en suivant l'ordre dans lequel ces faubourgs viennent d'être classés.

Le parcours dans l'intérieur de la ville fera l'objet de six excursions, de I à VI; il en sera de même pour le parcours extérieur. Les excursions en seront aussi par ordre de I *bis* à VI *bis*, afin de les faire correspondre aux précédentes, pour ceux qui voudraient, de deux excursions, n'en faire qu'une.

Inutile de charger chaque dénomination d'objet du numéro qu'il a sur le plan à la place qu'il y occupe; pour trouver tout ce qu'on peut avoir à y chercher, on n'a qu'à se reporter à l'*Indicateur alphabétique*, précédant et complétant ce plan (1).

La place du Capitole sera le point de départ pour toutes ces explorations ou excursions; elle est le centre d'où nous rayonnerons dans les diverses directions pour indiquer le lieu que chaque objet à remarquer ou à visiter occupe sur la surface urbaine.

---

(1) Le lecteur, désireux d'avoir de plus amples détails que ceux fournis dans ces *Excursions*, qui ne sont guère qu'indicatives, n'a qu'à recourir à notre *Panorama toulousain.*

EXCURSIONS EN VILLE.

I. — Nord-ouest. — Intérieur.

Place du Capitole. — Elle change plusieurs fois de physionomie dans le courant du jour : avant le lever du soleil, tous les planteurs de choux des environs, les industriels et les industrielles, sur l'innombrable quantité de produits de toute sorte qu'il faut à l'homme pour sa nourriture, envahissent ce grand parallélogramme, et l'occupent en compagnie des petits négociants banquistes de toute espèce de marchandises jusqu'à onze heures. Le soir, c'est le commerce de la bimbelotterie qui s'y échelonne et en fait un véritable bazar jusqu'à dix heures. Quelques heures avant, les promeneurs, qui n'y manquent pas, jouissent des fanfares militaires précédant la retraite, sonnée à grand fracas de tambours et de clairons ; car c'est aussi la place d'Armes.

Le Capitole n'est pas seulement l'hôtel-de-ville de Toulouse, il renferme, en outre : 1º le grand théâtre ; 2º les salles d'audience de la justice de paix du nord, du sud, du petit parquet et de la police judiciaire ; 3º l'octroi, bureaux et entrepôts, dits de la Commutation ; 4º au premier, sur le devant, sont les salles des Illustres toulousains, des Jeux-Floraux ou Clémence-Isaure, du Trône, etc., etc.; 5º sur le derrière, l'Académie des sciences ; 6º le mont-de-piété, puis les pompiers, sans compter la succursale du Conservatoire de musique et l'école mutuelle de garçons établie tout-a-fait sur le derrière.

Église du Taur. — Rue du même nom, débouchant à l'angle nord-ouest de la place, a sa façade gothique d'un aspect tout particulier; on dirait une haute forteresse.

Petit Séminaire de l'Esquile. — On y arrive par la petite rue en face l'église; c'était autrefois le collége le plus important après celui des Jésuites, une école municipale, fondée en 1556, où l'on enseignait les humanités, les sciences et les langues savantes.

Grand Séminaire. — Que nous trouvons en rentrant par la droite dans la rue du Taur : l'une des anciennes propriétés du bon et riche vieillard Mauran, qui, avant la guerre des Albigeois, fut une des premières victimes du fanatisme. Son abjuration ne lui sauva que la vie ; elle ne lui évita ni les verges, ni l'exil en Palestine, ni la confiscation de tous ses biens.

Saint-Sernin. — Grande basilique de style roman pour tout le corps de l'église et gothique pour le clocher ; le portique qui se présente en face la rue du Taur, est de Bachelier. La place Saint-Sernin prend le nom de Saint-Raymond à l'ouest, où sont les restes du vieux bâtiment de l'ancien collége de ce nom, et celui de Saint-Bernard à l'est, ou derrière les absides de l'église.

Collége des Jésuites. — A son entrée sur cette dernière place. Jadis c'était un couvent de Bernardins, et il se trouve en présence d'une école de frères ignorantins.

Caserne Saint-Charles. — Sur la place du même nom, et au bout de la rue séparative des deux précédents établissements, était autrefois un séminaire.

Revenons sur nos pas, et une fois sur la place Saint-Sernin, suivons à droite le côté opposé à celui sur lequel débouche la rue du Taur ; une fois devant la façade inachevée de l'église, prenons la petite rue qui lui fait face jusqu'au carrefour des rues des Lois et des Salenques.

Génie militaire. — Est au commencement de cette dernière rue ; c'était autrefois la Faculté de Théologie.

Faculté de Droit. — Sur la rue de l'Université. Le derrière des vastes locaux qu'elle occupe est attenant aux précédents, et leur réunion formait la totalité de ceux où se trouvait établie cette ancienne et si fameuse Université de Toulouse.

École d'Artillerie. — Est un peu plus loin et sur la place du même nom.

Succursale de la Banque de France. — Est à deux pas dans la rue qui s'ouvre en face l'École.

Caserne Calvet. — On y arrive en reprenant la rue Valade; elle est du côté gauche.

Arsenal et Parc d'Artillerie. — Il mérite une visite en détail, en en demandant la permission au colonel commandant qui y loge; le concierge en est le cicerone. Son entrée se trouve sur la droite, dès qu'arrivé sur le quai, on a devant soi le pont Saint-Pierre. — Y voir aussi le *Tombeau bysantin*.

I *bis*. — Nord-ouest. — Extérieur.

(Faubourg Saint-Pierre.)

A la sortie de l'Arsenal, au lieu de regagner la place du Capitole, à laquelle on arrive par la longue rue Pargaminières, on peut continuer sa promenade, en suivant les quais et le cours de la rivière.

Moulin du Bazacle. — On en aperçoit bientôt l'immense chaussée; il mérite bien d'être parcouru ; en outre de ses 34 meules, il renferme aussi une papeterie, des laminoirs et les usines de la Manufacture des Tabacs.

Arrivé de là au canal de Brienne, au lieu de le suivre jusqu'aux ponts Jumeaux, il convient de prendre le premier débouché qu'on trouve à gauche ; là se présente la longue rue des Amidonniers, dans laquelle en outre des industriels qui lui ont donné le nom, ne manquent pas des usines de toute sorte : acieries, cartonneries, scieries, etc.

Martinet. — Est la seconde acierie qu'on y trouve, sur le côté gauche, qui est celui où le canal de fuite du Bazacle sert de moteur général. C'est la plus importante des usines du quartier.

Fonderie Cardailhac. — Elle est presqu'en face du précédent établissement, à quelques pas plus loin.

Le chemin qui continue la ligne de la rue des Amidonniers nous conduit jusqu'à l'embouchure du canal du Midi dans la Garonne.

Port et Bassin de l'embouchure. — Deux écluses précèdent ce grand port ou bassin commun aux 3 canaux du *Midi*, *Latéral* et de *Brienne* qui s'y réunissent , les deux premiers pour se jeter dans la Garonne, et le troisième pour alimenter le second. Chacun d'eux y est traversé par un pont.

Ponts Jumeaux. — Ce sont ces ponts qui portent ce nom, quoique depuis l'adjonction de celui du canal Latéral, ils se trouvent trois. Un bas-relief en marbre blanc décore le massif qui relie les deux premiers construits.

Luxembourg. — Est un hôtel où la jeunesse dorée et les amateurs toulousains vont faire leurs parties fines de campagne; il est tout près du bassin.

Petit Gragnague. — Est le joli parc qui se présente de l'autre côté du bassin. — Au milieu de son labyrinthe s'élève le mausolée du lieutenant colonel Forbes, tué à l'attaque de la tête du pont en 1814.

A moins de 2 kilomètres de là se trouve *Blagnac*.

Gaz de l'Union. — En suivant les francs-bords du canal du Midi, du côté de la ville, on trouve en face de la première écluse cette usine à gaz, qui, très-heureusement pour les Toulousains, est venue depuis quelques années faire concurrence à celle du gaz Continental, qui jusque-là et depuis 1842 les exploitait d'une façon distinguée.

Le chemin perpendiculaire au canal, où se trouve l'entrée de l'usine à gaz, est le chemin du Béarnais, au bord duquel se trouvent encore les *Cimetières* juifs et protestants.

Casernes Monumentales. — En prenant la gauche par le chemin latéral qui les sépare, on arrive au boulevard Saint-Pierre, où ces immenses casernes se trouvent situées. Une fois finies, elles contiendront bien à l'aise deux régiments d'artillerie, hommes et chevaux.

Allée de l'Arsenal. — Après avoir cheminé sur le boulevard Saint-Pierre jusques vers le milieu de la façade des casernes, on voit, à sa droite, cette belle allée, tout le long de laquelle règne le mur d'enceinte de l'arsenal. C'est une partie des anciens remparts de la ville : on s'en aperçoit assez aux cinq grosses tours qui y sont échelonnées.

Mais si l'on veut gagner le centre de la ville par le chemin le plus court, il faut, dépassant ce point, prendre à la droite la rue Lascroses, qui est tout près et en suivant tou-

2

jours devant soi jusques dans la rue Deville, que l'on trouve après avoir dépassé la place de l'Artillerie, on arrive rue Romiguières et au Capitole.

II. — Nord. — Intérieur.

Maison d'arrêt. — La grande rue Matabiau, à l'angle nord du Capitole, a, jusqu'à présent du moins, le triste privilége d'être dotée de la prison où sont détenus les prisonniers pour dettes, mais il est question de la déplacer de là.

Faculté des Lettres. — Est du côté opposé et forme l'angle de la première rue à gauche, en attendant qu'elle puisse être transférée avec sa sœur *des Sciences*, dans les grands locaux à construire au lieu et place des casernes Jacobins et de la Daurade.

Couvent du Refuge. — Pour filles dites repenties, est un peu plus loin et à droite. Sa petite église d'ordre ionique, bâtie en 1838, est ouverte au public.

Salpétrière. — Est dans les tristes locaux de vis-à-vis, presque toujours fermés, et qui n'offrent du reste rien de bien curieux.

Manutention des vivres militaires. — Rue Périgord, débouchant côté ouest de la rue Matabiau.

Place Marché au Bois. — On y arrive par la rue du Salé, débouchant à l'est de la rue Matabiau; c'est un vaste parallélogramme allongé et régulier, bien placé surtout pour y transborder le marché aux légumes, qui dépare la place du Capitole.

Prenant la gauche pour continuer l'excursion à l'extérieur, on arrive de suite au beau milieu du boulevard Napoléon.

II *bis*. — Nord. — Extérieur.

(Faubourg Arnaud-Bernard et faubourg des Minimes.)

Le boulevard Napoléon, ainsi que celui d'Arcole, qui vient à suite dans la direction ouest et à partir de la rue de la Poudrière, n'étaient il y a dix ans à peine bordés que par quelques rares maisons ; en les parcourant jusqu'à l'avenue de la route de Paris, où le boulevard prend le nom de Lascroses, on s'aperçoit bien facilement que la ville s'agrandit sur ces divers points; mais cette tendance est bien plus prononcée sur ceux au nord et nord-est de la ville.

L'avenue de Paris, le long de laquelle règne la plupart des constructions du faubourg Arnaud-Bernard, finissant au pont du canal, à la tête duquel sont posées les deux grandes colonnes, ne nous offre rien d'intéressant en fait d'édifices. C'est un quartier mort et auquel le chemin de fer est venu donner le coup de grâce.

Il en est à plus forte raison de même du faubourg des Minimes, qui vient en prolongement de la même ligne au-delà du pont. Celui-là se trouve bien plus maltraité encore, depuis le reculement de la ligne de l'octroi, que démarquait auparavant le parcours du canal et qui maintenant n'a sa limite qu'à 2 kilomètres plus haut.

Église des Minimes. — Pauvre quartier, pauvre église. C'est l'ancienne chapelle des moines qui jadis étaient bien commodément et bien largement logés, possesseurs de parcs, de vastes champs et de beaux jardins. Au derrière de l'église est un couvent ou pensionnat tenu par des sœurs; plus loin, le desservant de la succursale, qui se fend en quatre pour faire prospérer et produire la vigne du Seigneur, est parvenu à faire établir une école de frères.

Le voyageur auquel nous venons d'indiquer ce qu'il trouverait dans les deux faubourgs au nord de Toulouse, se contentera sans doute de les considérer de loin et sans dépasser le boulevard, à moins qu'il ne tienne à pousser sentimentalement sa promenade jusqu'aux villas bourgeoises, quartier des Trois-Cocus, par le chemin qui oblique à droite, immédiatement après l'église.

III. — Nord-est. — Intérieur.

Dans la rue Louis-Napoléon ou Lafayette, on a du côté du Capitole l'entrée de la *Justice de Paix du Nord*, puis celle de la *Commutation* ou Octroi, puis enfin, celle de l'*École de*

Musique, toutes choses que l'on sait déjà être logées dans les locaux de l'Hôtel-de-Ville.

Les **Bureaux des chemins de fer** sont au n° 21 de cette rue ; c'est dans ces mêmes locaux que se trouvent les bureaux des *Messageries du Midi et du Commerce.*

L'Orphelinat de jeunes filles est un peu plus loin.

La place portant le même nom que la rue par laquelle nous y débouchons, est remarquable et par l'ensemble des maisons à façade uniforme qui font sa bordure, et par la distribution symétrique sur son périmètre des ouvertures de rues y aboutissant.

Théâtre Philharmonique. — Il se trouve presque à l'entrée de la rue Lapeyrouse, n° 25, qui est celle qui fait face aux allées. C'est le théâtre de la comédie bourgeoise.

Salle de l'Athénée, pour concerts et grandes réunions, vient ensuite dans la rue Montardy, n° 24.

Eglise Saint-Jérôme, qui, en reprenant la rue Lapeyrouse, présente de suite aussi le double ovoïde de sa nef enclavée, sur la droite de la rue Duranti.

Quartier-général de la 12e division militaire vient immédiatement après l'église.

Musée d'Agriculture, que nous trouvons dans la rue Saint-Antoine-du-T, n° 22, en remontant vers la place Louis-Napoléon qui reparaît.

Si, revenu sur cette place, nous prenons à notre droite la rue des Trois-Journées, nous arrivons par la rue Neuve-Saint-Aubin, qui s'y trouve de suite sur la droite, à l'édifice qui a servi à l'*Exposition toulousaine* de 1858.

Ils sont on ne peut plus convenables ces vastes locaux pour la *Commutation* (entrepôt et bureau de l'octroi) et pour le logement des pompiers de la ville.

Cirque Toulousain. — Nous en apercevons le grand portail en suivant à gauche le boulevard Saint-Aubin.

Théâtre des Variétés, sur le cours Louis-Napoléon, entre les allées et la place du même nom. C'est le second théâtre de Toulouse ; sa destination spéciale est le drame et le vaudeville.

III *bis*. — Nord-est. — Extérieur.

(Faubourg Matabiau et faubourg Bonnefoy.)

Si la place du Capitole est, on peut dire, le cœur de Toulouse, la ligne qui en arrive par l'angle nord-est, point de départ de cette excursion et se continuant jusqu'au canal, en est bien assurément l'artère principale, non à vrai dire autant pour le commerce, mais à coup sûr pour l'animation.— On en chercherait vainement une semblable sur tout autre point de la ville.

C'est sur les allées Louis-Napoléon, ou si l'on veut Lafayette, que la population toulousaine vient prendre ses ébats; aucune fête publique n'a lieu que les allées et leurs alentours n'en soient le principal théâtre. Promenade d'hiver comme d'été, c'est là qu'au milieu ou à la chute du jour, selon la saison, ne manquent pas de se rendre, tous les dimanches et jours de repos si facilement admis à Toulouse, chaque soir, aussi faut-il dire quand les jours sont longs, et le dandy guindé, dont le cerveau se développe tout entier sous le petit carré de cristal que sa paupière pince, et le désœuvré que l'atelier a vainement réclamé les jours précédents, et la crinoline qui cache tant d'absences, et puis tous ceux enfin qui, fatigués ou non du travail hebdomadaire viennent, tant les uns que les autres, s'y délasser et jouir de toute cette fantasmagorie.

Et comment ne s'y porteraient-ils pas tous en foule? C'est là que se trouvent et à droite et à gauche les bals les plus fréquentés : le Vauxhall, le Colysée, le Catelan, et puis tous les théâtres de marionnettes ou ceux plus ou moins phénoménaux. Bien mieux encore, les musiques militaires de la garnison viennent à tour de rôle le dimanche, et certains autres jours aussi, chatouiller agréablement pendant une couple d'heures les oreilles mélomanes.

Statue Riquet. — C'est le nom que porte celle que l'on voit au bout de l'allée, dans le petit parterre circulaire établi tout au tour. Riquet, en cet endroit, se trouve obligé de tourner le dos à son canal. Il est vrai de dire cependant que sa pose et son allure n'annoncent guère qu'il s'en occupe beaucoup en ce moment.

Gare du chemin de fer. — Pas n'est besoin d'en indiquer la place. Le voyageur, s'il est surtout arrivé par cette voie, l'a déjà visitée, et s'il ne la fait, il n'y manquera pas avant de se remettre en wagon ou en voiture, dans les limites cependant qu'il plaira à messieurs les employés de le lui permettre.

Stationnons un instant entre les deux beaux ponts que nous voyons là se donner la main; jouissons un peu du beau coup-d'œil que ce point nous présente à gauche, à droite, devant, derrière; c'est tout autant de changements à vue que produit un simple demi-tour dans ces divers sens.

Ecole Vétérinaire. — C'est l'un des plus beaux établissements de ce genre. L'édifice a coûté 800,000 fr ; il a été exécuté sur les dessins et sous la direction de M. Laffon, architecte. Sa façade, qui se compose d'un corps de logis principal, flanqué de deux avant-corps, gagnerait beaucoup à être débarassée de la construction qui relie ensemble les deux avant-corps, et au milieu de laquelle s'ouvre la porte principale. Une jolie grille serait là d'un plus bel effet.

Cet établissement est un de ceux que le voyageur peut visiter avec intérêt. Au derrière du bâtiment principal est une seconde cour, sur les quatre côtés de laquelle sont les dortoirs; puis viennent l'amphithéâtre et le jardin botanique.

Sorti de l'Ecole, c'est sur le coteau que nous allons nous diriger, en suivant le chemin qui longe les maison à gauche, et du côté opposé à celui de la gare. Par ce chemin nous pouvons arriver jusqu'à l'avenue des cimetières de Terre-Cabade.

Cimetières neufs. — Les deux obélisques dont se trouve flanquée son entrée, bâtie dans le style égyptien, indiquent à ne pas s'y méprendre la nature du lieu en présence duquel on se voit. Si le voyageur est désireux de se livrer aux méditations, sur l'avenir d'égalité qui nous y attend tous, il peut consacrer quelques minutes à cette promenade. Il pourra se demander, en allant de l'un à l'autre de ces beaux mausolées, dont les uns occupés, les autres attendent de l'être, si c'est bien la mort que le vivant a prétendu honorer en les élevant.... comme aussi et pour certains d'entre eux, si cet honneur est bien celui qu'il fallait lui rendre.... Par l'une des allées de gauche, on arrive à une modeste tombe ; c'est celle d'une jeune fille, morte victime de sa vertu et de la brutalité d'un cénobite : Cécile Combettes n'a pas de mausolée.....

Monument de 1814. — Il s'élève en forme d'obélisque au sommet de la partie nord du coteau. Le chemin pour y arriver coupe à angle droit celui qui nous a mené au lieu précédent, pour gagner la hauteur, et là on n'a qu'à continuer par celui de gauche, au bout duquel on aperçoit le tertre sur lequel repose cet obélisque, élevé à la mémoire de nos braves, morts dans la bataille du 10 avril 1814.

De ce point culminant on jouira d'un des beaux panoramas que présente la cité. S'il n'a pas le grandiose de celui qui se développe sur Paris du haut de la butte Montmartre, avec lequel il a quelque analogie, il a de plus que celui-ci l'agrément de laisser voir dans le lointain les cimes ondulantes des Pyrénées, dont les masses argentées se marient si bien à l'azur des cieux.

L'Observatoire s'élève un peu plus au nord encore que sa voisine la Colonne, sur le même petit mamelon. C'est un des plus beaux et des plus heureusement situés de France. C'est de là que son directeur découvre tous ces malencontreux bolides et astéroïdes qui se mêlent de venir parfois obscurcir la lumière du soleil, se permettent même de porter ainsi le trouble dans l'atmosphère et d'occasionner des rafraîchissements sensibles dans la température. Le public ne s'en douterait certainement pas, mais il en est périodiquement averti par la voix des journaux, et malgré cela d'aucuns s'obstinent à assimiler ces petits corps, dans l'immensité de l'espace, aux quelques grains de sable voletant au milieu du grand Océan, sans y occasionner du désordre.

En attendant que l'avenue en droite ligne soit finie, depuis l'Observatoire jusqu'à la rue du 10 Avril, qui en sera la continuation, et qui se trouve tout à côté de l'Ecole vétérinaire, pour ne pas retourner sur ses pas, on n'a qu'à prendre en face et en dessous de l'Observatoire la petite allée qui passe tout près de l'ancien bal Marengo. Elle conduit au chemin qui, à travers les constructions champê-

tres et charmantes de cette partie du coteau et puis par le
côté droit de l'Ecole vétérinaire, fait arriver jusqu'au-devant
de sa façade.

Repassons les deux ponts et prenons la droite.

Gaz Continental. — Cette usine, dont l'énorme chemi-
née est là tout près, est un voisin bien incommode pour ce
grand quartier, qui tend à devenir l'un des plus beaux de
la ville; elle se charge aussi d'embaumer les promeneurs;
il en est de même de sa voisine, la fabrique de bougies
stéréaïques, qui parfume peu agréablement le quartier
Bayard.

A défaut de la rue Monumentale projetée, et en attendant
qu'elle cesse d'être un rêve, il faut se contenter d'arriver
sur le boulevard Napoléon, par la longue rue Bayard, qui
s'ouvre au-devant du petit moulin même nom; c'est le quartier aux projets grandioses que cette rue traverse.

Si notre excursion ne s'est pas prolongée plus avant, vers
le nord, dans le faubourg Bonnefoy et la grande avenue
Matabiau, c'est qu'il n'y a rien par là qui puisse intéresser
le voyageur.

IV. — Est. — Intérieur.

Place Saint-Georges. — La rue de la Pomme qui vient,
par un petit retour, aboutir à l'angle sud du Capitole, débouche du bout opposé, et par une autre légère inflexion à
gauche, sur la place Saint-Georges, qui n'a et n'aura toujours très-probablement qu'une forme irrégulière. Elle avait
eu avant la révolution et pendant environ deux cents ans, le
triste apanage des exécutions capitales : là était le pilori, la
potence, etc.; c'est là que l'infortuné Calas, après avoir été
affreusement torturé au Capitole, vint expier sur la roue et
dans les souffrances les plus atroces le crime imaginaire que
le hideux fanatisme de l'époque était seul capable de lui im-
puter. Cette condamnation ne contribua pas peu à attirer,
32 ans plus tard, sur les membres du parlement de Toulouse,
toutes les rigueurs des tribunaux révolutionnaires (Voir le
Panorama historique, art. *Calas*).

Place Saint-Etienne. — Par la rue Boulbonne on arrive à cette place à laquelle se rattachent aussi de tristes souvenirs. C'est là qu'on préludait aux auto-da-fé, dont l'excursion V nous fera connaître le lieu où ils s'accomplissaient. C'est là et devant le portail Saint-Etienne qu'étaient amenés tout nus, en chemise, la corde au cou pour y être fustigés, ceux qui, par leur abjuration, avaient obtenu grâce de la vie.

Sur cette place est la fontaine la plus ancienne de la ville. Ces anges ou amours, tout nus, qui versaient de l'eau avant qu'on ne les eût mutilés par esprit de décence, étaient chose fort originale et fort drôle en cet endroit.

Église Saint-Etienne. — C'est la cathédrale de Toulouse, dont nous voyons à l'est le portail gothique; son ensemble est un composé de quatre constructions de différents siècles qui ne concordent nullement, parce que sa reconstruction commencée par le chœur, sa partie, en effet, la plus remarquable et la moins ancienne, n'a jamais été menée à fin. Tel qu'il est, néanmoins, l'édifice mérite d'être vu et examiné en détail.

Préfecture. — Cet édifice est bien plus vaste que ne pourrait le faire supposer sa toute étroite façade sur la place et à côté de l'église Saint-Etienne. Dans les dernières années du règne de Louis-Philippe, tout le côté gauche, dans la vaste cour que l'on trouve en entrant, fut remanié et considérablement agrandi. Depuis lors la distribution intérieure de l'hôtel préfectoral répond à tous les besoins du service.

Télégraphe électrique. — Les fils qui traversent la place pour passer dans la rue Fermat, se chargent d'indiquer la porte qui, dans cette rue, est l'entrée des bureaux. Ils sont en communication avec la préfecture.

Université. — Le siége de l'Académie universitaire est dans la rue Saint-Jacques, à laquelle on arrive en prenant la gauche dès qu'on débouche sur la petite place Sainte-Scarbes, au bout de la rue Fermat.

École Normale primaire. — Est dans la même rue Saint-Jacques; elle est là attenant au derrière des jardins de la préfecture qui s'étendent jusque sur ce point.

Le percement de l'ancien rempart, dans l'axe de la rue, vient nous dispenser de faire le moindre détour pour arriver en dehors de la ville.

IV *bis*. — Est. — Extérieur.

(Faubourg Saint-Etienne et faubourg Saint-Aubin.)

Champ de foire. — C'est là que nous nous trouvons, aussitôt la ligne de l'ancien rempart franchie ; nous avons à droite et à gauche ce champ de foire aux chevaux, et devant nous la belle allée Saint-Etienne, dont les arbres malheureusement commencent à se faire vieux ; tout vieillit, en effet, sur cette terre. Les foires ont lieu à sept époques principales de l'année, indiquées plus bas.

Jardin-Royal. — C'est la belle promenade que nous voyons plus loin à la droite et après la porte Montoulieu ; elle est en terrasse : c'est dans ce bel emplacement que, chaque année, la Société d'horticulture fait son exposition.

Jardin-des-Plantes. — On en voit l'entrée de l'autre côté de l'allée Saint-Michel ; elle fait face à la porte Montgaillard où se termine la promenade dont il vient d'être parlé. Pour le visiter, il ne faut pas s'y présenter avant trois heures de l'après-midi, ni après le coucher du soleil.

École secondaire de Médecine. — Est attenante au Jardin-des-Plantes. Sa façade est imitée de l'antique.

Boulingrin. — Désigné aussi sous le nom de Grand-Rond, quoiqu'il soit ovale, est la plus vaste promenade que possède Toulouse. En arrivant vers son centre par la ligne de l'allée Saint-Michel, on a à sa gauche celle de Saint-Etienne, à sa droite celle dite Grande-Allée, parce que ce sera la plus longue, lorsqu'elle sera prolongée au-delà de l'ancien Busca jusqu'au chemin de ronde de Pelade ; devant soi on a l'allée des Zéphirs, et un peu à droite on a celle des Soupirs, toutes les deux courtes et aboutissant au canal.

Fonderie Bonnet et fonderie Ollin. — Ces deux établissements de même genre se trouvent, l'un du côté *est* de l'allée Saint-Etienne, et l'autre du même côté *est* du Grand-

Rond; on en voit la grande entrée, entre l'allée des Soupirs et celle des Zéphirs.

Port-Neuf et embarcadère. — Cette dernière nous conduit droit au Port-Neuf; et là, sur la droite, est l'embarcadère du canal du Midi.

Entrepôt de vins. — On l'aperçoit, vers la droite, mais sur l'autre bord du Port-Neuf, qui nous en sépare.

Douane. — Nous en trouvons les bureaux, en prenant la gauche, le long du quai de ce même port.

Port-Saint-Etienne. — Est à la suite du précédent, toujours en suivant le quai jusqu'au pont Montaudran.

Place et colonne Dupuy. — On l'aperçoit de la tête du pont, en se tournant vers la ville; mais il faut s'y rendre pour lire les inscriptions et voir le buste en bas-relief du général Dupuy, sur l'une des faces du piédestal.

Parc du Caoüsou. — Si nous revenons, vers le canal, par la rue qui longe la petite promenade Dupuy, nous passerons sur le pont Guilleméry; de là, gagnant le faubourg, nous franchirons le petit tunnel du chemin de fer qui le coupe, et le joli parc du Caoüsou se trouvera de suite sur notre droite.

Cette petite diversion, sur le coteau Guilleméry, nous oblige à revenir sur nos pas pour repasser le pont, et, marchant à droite sur le franc-bord du canal, arriver à la rue Caraman.

Couvent et pensionnat des Frères. — Ce sont ces vastes bâtiments qui règnent à droite et à gauche, tout le long de cette deuxième rue perpendiculaire au canal; ils arrivent même d'un côté jusqu'à l'autre rue parallèle à celle-ci, et de l'autre jusqu'au préau dont l'église Saint-Aubin est entourée. Un souterrain fait communiquer le pensionnat par-dessous le sol de la rue Caraman avec le couvent, dont le grand jardin longe tout le côté sud du préau Saint-Aubin.

L'entrée du pensionnat est sur la rue Riquet, que cette rue Caraman coupe à angle droit, pour de là aboutir jusqu'à la grande rue faisant la continuation du boulevard.

En suivant la rue Riquet, vers le nord, nous arrivons jusqu'au-devant d'un portail antique de même style que celui du transept sud de l'église Saint-Sernin : c'était l'entrée de l'ancien cimetière.

Église Saint-Aubin. — Occupe le milieu du préau, autrefois cimetière. Le plan en est de M. Delor, architecte. Elle promet une combinaison étrange de plusieurs styles. En attendant qu'elle soit achevée, ce qui ne paraît pas devoir être prochain, le service divin est célébré dans les cryptes qui renferment certaines dépouilles mortelles, trouvées sur place ; les autres furent transportées au nouveau cimetière, lorsqu'en 1847 on creusait les fondations de cette nouvelle église, qu'une loterie n'a pu faire achever.

C'est dans le préau Saint-Aubin, au pied du mur, alors en terre et séparatif du jardin des frères de la doctrine chrétienne, que fut trouvée, dès le matin, le 16 avril 1847, gisant dans l'angle, du côté de la rue Riquet, le corps inanimé et horriblement flétri de la jeune *Cécile Combettes*. Elle était entrée la veille au pensionnat, portant les livres dont le relieur, chez qui elle travaillait, l'avait chargée d'y faire la remise ; elle était passée de là, et en traversant le souterrain, dans le couvent des frères, où elle devait trouver le bourreau qui a subi sa peine au bagne de Toulon.

Synagogue. — Ce temple des Juifs, qui n'offre rien de bien intéressant, se trouve dans la rue Colombette, dont après un certain parcours dans la rue Riquet nous prenons la partie à gauche. Ce temple fait angle de la rue Palaprat, que nous ne tardons pas à voir à notre droite.

De la rue Colombette nous apercevons le boulevard et les locaux destinés à la *Commutation*, qui longent la rue par laquelle nous pouvons rentrer en ville.

V. — Sud. — Intérieur.

Place et fontaine Saint-Pantaléon. — Nous y arrivons par la première rue à droite de la rue de la Pomme, point de départ du Capitole. Cette jolie fontaine, qui s'élève au milieu d'un bassin circulaire, est toute en fonte ; elle a sa sœur, aînée même, à Beziers sur la première place que voit le voyageur en remontant de la gare du chemin de fer. Un marché de plantes et arbustes se tient sur la place Saint-Pantaléon.

Musée. — L'entrée par laquelle le public est admis à visiter ce temple des beaux-arts, est dans la rue à laquelle il a donné son nom, la première que l'on trouve à gauche dans celle des Tourneurs, faisant suite à la rue Baronnie.

La description fournie dans le *Panorama toulousain*, sur le *Musée*, sera complétée plus loin, pour l'utilité du lecteur, par une notice des principaux tableaux composant les galeries.

Halle au blé. — Dans la rue des Tourneurs. — On en a considérablement agrandi la place, en attendant d'en reconstruire l'ignoble bâtiment où s'abrite aussi la boucherie.

Place et fontaine de la Trinité. — Un couvent de Trinitaires occupait autrefois cet emplacement; on en démolit pendant la révolution une bonne partie, dont on forma la place qui, plus tard, a été décorée de la belle fontaine, construite d'après le plan de M. Vitry. Les figures et les sculptures sont de M. Romagnési. — Le voyageur qui n'aura pas à faire à *l'archevéché*, rue Croix-Baragnon, continuera par la rue des Filatiers.

Place des Carmes. — Elle n'est éloignée de la précédente que du court parcours de la rue qui vient d'être nommée; comme elle, c'est à la démolition d'un grand couvent qu'elle doit son existence; un grand bassin circulaire avec jet d'eau est au milieu. — C'est sur cette place, et dans la maison attenante à celle de l'angle de la rue Pharaon, que fut assassiné et martyrisé l'inoffensif général Ramel, par les sicaires ou verdets de 1815, dans la nuit du 15 au 16 août.

Hôtel Lasbordes. — Se trouve à l'angle de la rue du Vieux-Raisin, débouchant au sud-est de la place. Il date du xvie siècle, et c'est un des chefs-d'œuvre de Bachelier.

Revenant sur nos pas jusqu'à la rue Pharaon, nous la laissons à gauche, et tout aussitôt la petite rue des Prêtres nous conduit au derrière d'un grand bâtiment.

Hôtel Saint-Jean. — C'est ce grand bâtiment, dont la destination actuelle est de servir aux foires ou marchés aux draps. Sa façade et son entrée sont dans la rue de la Dalbade où sont aussi bien d'autres choses à voir.

Dalbade. — Le portail de cette église est de Bachelier,

mais il a été bien mutilé. La hardiesse de la voûte est ce qu'il y a à remarquer à l'intérieur.

Maison ou Hôtel-de-Pierre. — Se fait assez remarquer de l'autre côté de rue par sa masse puissante et originale. La belle façade en était restée inachevée; grâce à son propriétaire actuel, M. Calvet-Besson, cette œuvre de Bachelier fils et de Souffron se trouve complétée.

Hôtel Catelan. — Même rue, no 22. Son portail de petite dimension est richement et gracieusement décoré; dans la première cour, le côté gauche est décoré de pilastres doriques; dans la deuxième, que des architectes sans goût ont dégradée, sont cependant quelques restes qui attirent l'attention : c'est la tourelle et les consoles qui la supportent.

Fonderie de canons. — Est plus loin, du même côté que la maison de Pierre; et après avoir dépassé le couvent des religieuses de la Visitation, autrefois occupé comme l'hôtel Saint-Jean par les chevaliers du Temple. La fonderie, qu'on ne visitera pas sans intérêt, était aussi un couvent de femmes (les Clairistes).

Inquisition (chapelle de l'). — Rappelle les tristes souvenirs du triomphe du fanatisme à Toulouse. — Dans le corridor d'entrée est la cellule qu'occupait, dit-on, saint Dominique. C'est là que les jésuites ont leur noviciat.

Place du Salin. — Nous l'avons dépassée, mais nous l'aurons à la droite en retournant vers la Fonderie. C'est là qu'avaient lieu les auto-da-fé ordonnés par les disciples de saint Dominique ou, plus tard aussi, par le parlement; ce fut le lieu où le malheureux Vanini eut la langue arrachée, son corps brûlé et les cendres jetées au vent, tout cela pour s'être permis de raisonner théologie, et il était prêtre !

Statue Cujas. — Sur la place du Palais, qu'un îlot de maisons, qui devrait bien disparaître, sépare de la précédente. — Elle n'est, quoi qu'en dise l'inscription du piédestal, qu'un tardif hommage à la mémoire du grand jurisconsulte.

Palais de Justice. — C'est là que siége la cour impériale et le tribunal de première instance; — la justice de

HÔTEL DE PIERRE.

paix du *Sud* aussi ; — sur les derrières, vers l'allée Saint-Michel, est la maison d'arrêt, qui a son entrée sur la place.

Cet édifice est situé sur une grande partie du sol qu'occupait autrefois le *Château-Narbonnais*, la grande forteresse de Toulouse l'ancienne, habitation des magistrats romains, des rois visigoths, des ducs et comtes de Toulouse, et puis le siége de son trop fameux parlement.

L'ancien Château-Narbonnais s'étendait jusqu'aux moulins que l'on désigne sous ce nom, et à l'entrée desquels en est debout encore un grand pan de mur.

On y arrive par la rue s'ouvrant en face de l'entrée latérale du palais, qui est plus spécialement celle du tribunal. Quantité d'usines de diverse sorte se trouvent, échelonnées à la suite des moulins, sur son canal de fuite, dont l'aspect et les bords ombragés sont assez pittoresques.

En quittant la place du Palais, nous avons laissé sur la gauche le vieil édifice de l'ancienne Monnaie, et au bout des rues des Fleurs et Furgole, où était l'ancienne Académie des Sciences et l'Observatoire, une nouvelle construction.....

Chapelle des Jésuites. — Est cette construction style renaissance, très-coquette. Il y a là l'établissement des missions (*Le Jésus*) des Révérends Pères.

Prison militaire des Hauts-Murats. — Vient un peu plus loin ; c'était autrefois celle ou les inquisiteurs entassaient leurs victimes.

Gymnase Toulousain. — Nous le trouvons à droite de la porte Montgaillard, à laquelle la rue Laviguerie vient de nous conduire. C'est aussi l'*école d'équitation*.

V *bis.* — Sud. — Extérieur.

(Faubourg Saint-Michel.)

Eglise Saint-Exupère. — Sur l'allée Saint-Michel, et attenant l'Ecole de Médecine. C'est la succursale pour tout le quartier Saint-Michel.

Caserne de la Gendarmerie. — Se trouve tout-à-fait au bout de l'allée Saint-Michel, après la rue des 36 Ponts.

Pénitencier. — Pour les jeunes détenus, est à cent pas et sur le côté droit de cette rue perpendiculaire à l'allée.

Sourds-Muets. — Un peu plus loin sur la gauche.

Carmélites. — Dans la petite rue s'ouvrant en face.

Sacré-Cœur. — Est un grand établissement pour l'éducation des demoiselles, dans la grande rue des Récollets.

Saint-Roch et Calvaire. — Sur le point extrême de cette voie et en dehors même de la barrière des Récollets.

Le curieux qui aura eu le courage de pousser sa promenade jusque-là devra s'armer de patience ; s'il la fait pédestrement, pour s'en retourner en ville par le pavé peu aimable de ces longues rues, il peut s'attendre à y trépigner plus d'une fois d'impatience.

VI. — Ouest. — Intérieur.

La rue Romiguières est notre point de départ pour cette dernière excursion. A gauche, nous y voyons l'entrée d'un établissement ecclésiastique, qui est une sorte de *succursale* au petit séminaire ; un peu plus loin, et sur la droite, en est un autre qui est un pensionnat de demoiselles, tenu par les sœurs de la Compassion.

Consistoire. — Au bout de la rue, et faisant face à son axe ; ce temple de l'église réformée se distingue réellement par la simplicité de sa construction et de son intérieur.

Sur la droite, nous apercevons un vieil édifice servant de magasin à fourrage : c'est l'ancienne église des Cordeliers. Dans leur couvent était un caveau qui avait la propriété de conserver les cadavres : il fut comblé pendant la révolution.

Jacobins. — Est encore une autre ancienne église que l'on trouve, en entrant par la rue qui est de l'autre côté du temple, dans celle du Lycée ; elle fait partie de l'immense caserne ou quartier d'artillerie, dont la ville prendra possession pour y établir les facultés, lorsque ce quartier sera transféré à la caserne Monumentale.

Lycée impérial. — Cette grande porte qui nous déploye sa lourde architecture, de l'autre côté de l'impasse des Jacobins, est une des entrées du Lycée. La porte principale de ce bel établissement est à la rue des Balances. La cour à laquelle elle donne entrée est une des plus belles antiquités de la ville ; elle est de Bachelier père.

Poste aux lettres. — Dans la rue Sainte-Ursule, voisine de celle où nous nous trouvons, n'est inscrite ici que pour mémoire. Des Ursulines y avaient autrefois leur couvent.

Bourse et tribunal de Commerce. — De construction moderne, suffisant à toutes les exigences du service à Toulouse, est sur la place où nous conduit la rue Sainte-Ursule.

Eglise de la Daurade. — Nous y arrivons de là, par la rue Cujas, dans laquelle on aperçoit la plaque en marbre indiquant la maison où naquit ce fameux jurisconsulte. Le terrain sur lequel la Daurade se trouve bâtie, et dont une des entrées est rue Peyrolières, a sa destination d'édifice religieux tout au moins depuis les Romains, sous lesquels ce fut un temple païen, converti en église par les Visigoths.

Hôtel ou maison d'Assézat. — Nous le trouvons en revenant dans la rue Peyrolières; et, en allant vers le pont, la rue de l'Echarpe, qui s'ouvre la seconde à notre gauche, nous y conduit. Ce superbe édifice de la renaissance, qui n'a plus à l'extérieur que son beau fronton, a donné son nom à la petite place où il est situé. C'est dans l'intérieur de la cour qu'il faut entrer pour pouvoir admirer ce chef-d'œuvre architectural de style renaissance.

Manufacture des tabacs. — Située quai de la Daurade, où l'on arrive en reprenant la rue de l'Echarpe et continuant jusqu'au quai par la ruelle de vis-à-vis; la manufacture est sur la droite, à côté du péristyle inachevé de la Daurade, qui ne présente que le triste aspect d'une ruine. Tant l'un que l'autre appartenaient autrefois aux moines bénédictins, qui (voir l'article *Ponts* dans le *Panorama toulousain*) s'étaient arrogés des droits de propriété, même sur la Garonne, dans tout son parcours en ville.

Les excursions en ville terminées, rien de mieux que de se rendre sur le Pont-Neuf, et d'y stationner pendant quelques minutes pour bien jouir des points de vue charmants que le beau fleuve et ses rives pittoresques présentent.

On a là devant soi l'arc de triomphe par lequel nous allons entrer dans le grand faubourg Saint-Cyprien.

VI *bis*. — Ouest. — Extérieur.

(Faubourg Saint-Cyprien.)

Hôtel-Dieu. — L'hospice Saint-Jacques a son entrée à droite de l'arc de triomphe.

Château-d'Eau. — Se trouve presque en face du côté opposé ; il faut s'y présenter muni d'une carte du secrétariat de la mairie, si l'on veut être admis à visiter l'intérieur qui est une des choses les plus curieuses à voir à Toulouse.

Eglise Saint-Nicolas. — Dans la rue de ce nom, tout près et presque parallèle à la grande rue Bonaparte. Elle date du XIIIe siècle, mais elle a été dénaturée par des réparations maladroites.

Hospice de la Grave (Saint-Joseph). — En continuant à suivre dans la rue Saint-Nicolas jusqu'à ce qu'on arrive à la longue rue Pont-Saint-Pierre, celle-ci conduit à l'immense hospice qui a son entrée aux abords de ce pont. La superficie de cet établissement n'est pas moindre de 6 hectares, cela seul dit assez ce qu'il doit être. Son église est circulaire ; c'est le joli dôme que l'on aperçoit de dessus les quais.

Abattoirs. — Si le quai projeté depuis le Pont-Neuf et tout le long des hospices existait, on se trouverait du pont Saint-Pierre, à petite distance des abattoirs, tandis qu'en l'état actuel, il faut revenir sur ses pas pour aller joindre par le bout de la rue Saint-Nicolas l'allée de Garonne, et la parcourir presque jusqu'au bout, du côté du fleuve.

Polygone d'Artillerie. — Mérite plutôt la promenade que les abattoirs ; cependant il n'offre réellement de l'intérêt qu'à l'époque des écoles, ce qui n'a lieu qu'en été ordinairement et dès le matin. C'est sur son vaste terrain que se trouve aussi l'*Hippodrome*, où ont lieu les courses de chevaux.

Nous inscrivons ici pour mémoire seulement la *place* du fer à cheval, — les *cimetières* Saint-Nicolas — et le grand *Hospice* départemental des aliénés, celui-ci surtout ferait de cette dernière excursion presque un voyage, pour n'avoir au bout qu'un très-mince dédommagement.

Position géographique et relative de Toulouse.

L'état physique de la ville connu dans ses détails, voyons maintenant la place qu'elle occupe relativement aux pays qui l'avoisinent, comme aussi les voies et moyens de communication dont elle jouit.

Toulouse. — Située par 43° 35' 42" latitude nord et 0° 53' 45" longitude ouest (mér. de Paris), est bâtie sur un sol élevé à 146 mètres au-dessus du niveau de la mer, et baignée par les eaux de la Garonne, à laquelle viennent se joindre, sur ce point, le canal du *Midi*, le canal *Latéral* et prochainement peut-être celui de *Saint-Martory*.

Le chemin de fer du Midi, actuellement en exploitation, la relie d'un côté, par Montauban, Agen, Marmande, La Réole et Langon, à Bordeaux. — De l'autre, par Castelnaudary, Carcassonne, Narbonne, Beziers et Agde, à Cette. Elle peut donc communiquer déjà sans interruption de voies ferrées, avec tous les ports principaux tant du midi que du nord de la France.

Une ligne spéciale, détachée de l'ancien Grand-Central et concédée à la compagnie d'Orléans, la rattachera plus directement, par Alby et les départements du centre, à Paris et à Lyon. Elle a de plus sa communication avec Perpignan établie par l'embranchement qui se soude à la ligne du Midi à Narbonne ; son embranchement d'Agde à Clermont (Hérault) mettra Toulouse en communication avec l'Auvergne, par la ligne venant de Montpellier qui s'y reliera ainsi, probablement, qu'à celle de Beziers à Graissessac.

Toulouse sera de plus le point de départ de deux lignes du réseau Pyrénéen, qui se dirigeront l'une sur Foix, l'autre sur Bayonne, en desservant Saint-Gaudens, Bagnères-de-Bigorre, Tarbes et Pau ; et peut-être qu'un jour aussi, un embranchement de cette dernière ligne, traversant la chaîne des Pyrénées, soit au port de la Glère, soit au port du Salat, la mettra en communication avec Saragosse et Madrid.

Si à toutes ses voies ferrées on ajoute les canaux, la Garonne et ses affluents, les 7 routes impériales, les 32 routes départementales, sans compter les 60 chemins vicinaux de grande communication qui sillonnent le département de la

Haute-Garonne, il est bien vrai de dire que nulle position continentale ne pourrait offrir plus d'avantages, plus de débouchés au commerce et à l'industrie. Aussi la population augmente-t-elle à Toulouse d'année en année. Elle n'était en 1831 que de 59,639 hab.; elle s'élève aujourd'hui à **103,144**.

La plaine dans laquelle Toulouse s'est développée est fertile et riante, mais elle n'a rien de pittoresque; seulement quand le temps est clair, on y découvre au sud, la chaîne des Pyrénées, dont les principales sommités, étincelantes de neige et de glaces éternelles, se détachent sur le beau fonds d'azur, qui paraît être en contact avec elles.

La situation réellement privilégiée tant sous le rapport des débouchés et des voies de communication, que sous celui de la fertilité exceptionnelle et des ressources de toute nature des pays au milieu desquels notre ville se trouve, aurait dû, depuis bien longtemps déjà, faire de ce centre, vers lequel tout converge, un foyer commercial et industriel des plus actifs et des plus florissants. Pourquoi faut-il avoir à dire que la population toulousaine est bien loin de savoir mettre à profit les immenses avantages d'une position si belle? Pourquoi falloir dire aussi que, malgré cet accroissement considérable que nous lui voyons prendre, il s'en faut de beaucoup encore qu'elle ait réellement les allures d'une grande cité?

Industrie. — Commerce.

L'aspect industriel et commercial ne se présente réellement pas à Toulouse sous le vaste et brillant horizon que peut lui faire supposer l'importance déjà signalée de sa position géographique et de sa population, et les ressources enfin de son département dont nous avons fourni quelques aperçus statistiques. Cependant, et pour être juste, il faut dire qu'il y a progrès, et qu'il s'y manifeste une certaine tendance à sortir de cet état d'insouciance et de torpeur.

Ainsi nous voyons à Toulouse quelques fabriques de draperie grossière qu'il faut appeler serge ou cadis, en lui laissant son vrai nom, industrie qu'elle n'a pas du tout fait progresser, malgré son ancienneté et alors qu'étant à portée de recevoir les laines d'Espagne, il y aurait bien possibilité de s'y livrer à la fabrication d'une bonne draperie. — Il s'y fabrique des couvertures de coton et même de laines. — Il s'y fait quelques essais en soieries. La ville sous ce rapport serait cependant dans toutes les conditions désirables pour donner à cette industrie la plus grande extension, et nous n'y voyons que quelques petites filatures et un seul atelier de tissage, ne fournissant qu'à la passementerie, aux meubles et aux voitures. — Il y a deux martinets et aciéries, dont un très-important, — des fonderies, où l'on construit également des machines à vapeur et autres, — quelque peu de tanneries et maroquineries, — des ateliers de construction pour voitures, cette branche est même très-bien exploitée, et depuis longtemps Toulouse jouit sous ce rapport d'une réputation bien méritée, — des fabriques d'indiennes, — de gazes à bluter, — de papiers peints, — de bougies, — de cartons et papeterie; n'oublions pas enfin dans cette nomenclature, l'industrie des chasubliers; — quant aux minoteries, elles sont considérables à Toulouse; — nous avons aussi à Toulouse des ateliers de marbrerie, — la coutellerie, — les meubles,—la serrurerie de luxe et de précision,—les instruments aratoires, ventilateurs, fouloirs, pressoirs, batteuses, pompes et norias, — des facteurs d'orgues et de pianos, — les poêles et fourneaux économiques, — les fleurs artificielles, — les produits chimiques, noir animal, goudron, et produits résineux, etc.; — des poteries d'étain, — des fonderies de caractères d'imprimerie, — la quincaillerie, — la bijouterie, — les vitraux ou peintures sur verre, — la peinture sur porcelaine, — les terres cuites, très-bien fabriquées par deux différentes maisons. Voilà pour l'industrie, qui est loin d'avoir à Toulouse, malgré la nomenclature qui vient d'en être faite, l'extention et l'importance que les puissants moteurs que lui donne son beau fleuve surtout pourraient comporter.

Quant au commerce, il roule principalement sur les vins, les céréales, sur les diverses denrées servant à la nourriture de l'homme, sur les articles d'habillement et de mode, que les départements voisins viennent chercher à Toulouse, centre d'approvisionnement. — Marseille, Bordeaux, Bayonne, alimentent le commerce de l'épicerie, qui compte à Toulouse plusieurs grandes maisons, dont les expéditions se répartissent sur les départements limitrophes.

Toulouse jouit de l'immense avantage d'un *entrepôt de douanes*, qui primitivement n'avait été établi que pour faciliter la vente du sel, et qui depuis 1833 se trouve autorisé à recevoir non-seulement les laines étrangères, mais aussi toutes autres marchandises non prohibées et admissibles au transit ; au moyen de cet entrepôt, le commerce peut payer à Toulouse la taxe de consommation des sels, comme aussi les droits de douane au fur et à mesure seulement de la vente des marchandises retirées des magasins ; il peut réexpédier les marchandises invendues à Toulouse sur d'autres entrepôts, sans rien payer, et même renvoyer à l'étranger, en exemption de tous droits, celles qu'on n'aurait pu vendre en France ; c'est en quelque sorte un port franc à l'intérieur.

Pendant plusieurs années les recettes se sont élevées à la douane de Toulouse de 2 à 3 millions. Pour apprécier les avantages de l'entrepôt, il suffit de remarquer que cette somme aurait dû être payée à la frontière, ou aux salins, par l'intermédiaire des courtiers, et que la facilité d'acquitter les droits au moment de la vente seulement, en a laissé le montant à la disposition du commerce, pendant une durée qui a parfois dépassé 3 ans. Il est à remarquer aussi que sans l'entrepôt, on aurait dû plus d'une fois, après avoir payé à l'entrée une taxe de 10, 20, 30 p. % de la valeur, soumettre encore aux droits de sortie les marchandises invendues, au lieu de les réexporter en franchise à l'étranger.

Cet établissement, dont les avantages sont trop peu connus, est utile surtout au petit commerce qui, n'ayant pas assez de capitaux pour supporter l'avance des droits de douane, représentant pour certaines marchandises un tiers de la valeur, devrait s'approvisionner en troisième main chez les négociants en gros, s'il ne jouissait pas de la faculté d'entrepôt.

Les principales marchandises sur lesquelles s'exerce le commerce de Toulouse, en empruntant les facilités de l'entrepôt, sont, indépendamment des sels :

A l'*importation* : les laines, les huiles, le suif brut, les fruits frais, le bois d'acajou, le bois de teinture, les chanvres peignés, les cotons, les marbres d'Italie, les pierres à aiguiser, les fers en barre, la fonte brute, la potasse, les fils de lin, les chapeaux de paille, les faulx, le café, le sucre et les autres denrées coloniales; — à l'*exportation :* les tissus de coton, de laine, la mercerie et le papier.

L'existence d'un entrepôt de douanes à Toulouse vient se joindre à tous les éléments de prospérité commerciale dont la position vraiment exceptionnelle de cette ville devrait la faire jouir. Pourquoi n'en est-il pas ainsi? Pourquoi surtout la majeure partie de son commerce, tout comme celle de son industrie surtout, nous y offre-t-elle un personnel venu d'autre part? C'est ce qui va tout à l'heure avoir son explication sous un certain point de vue.

Caractères, mœurs, habitudes.

La physiologie du Toulousain, qui virtuellement comprend celle de la Toulousaine, a été diversement présentée par chacun de ceux qui se sont chargés de nous les définir. Commençons par dire qu'être trop absolu sur ce chapitre délicat, serait s'exposer à des appréciations un peu hasardées; car, en somme, faut-il reconnaître avant tout, avec le dicton populaire, que partout il y en a de tous.

Le beau sexe toulousain, duquel la galanterie bien naturelle à des plumes juvéniles ne pouvait que s'empresser a nous tracer de charmants portraits, « allie, nous dit l'une d'elles, à la vivacité de l'esprit, le charme séduisant de sa beauté. Les Toulousaines sont en général petites, et quoiqu'elles aient les cheveux noirs, la blancheur de leur teint ne peut être surpassée. Dans leurs traits, le piquant s'unit a la grâce; la fraîcheur de leur visage, l'incarnat de leurs lèvres attestent la pureté du sang; des dents petites et perlées, des yeux superbes, presque toujours fendus en amande et voilés par de longues paupières, ajoutent à leurs agréments; à ces qualités extérieures, elles joignent une âme aimante et un caractère d'une pétulance singulière; elles sont franches, gaies, communicatives. » — « Leur légèreté, ajoute une autre plume, qui nous fait ainsi le portrait de la grisette toulousaine, n'est qu'apparente et pour ainsi dire extrinsèque : bonnes appréciatrices de l'homme digne de ce nom qu'en leur perspicacité elles savent pressentir avec tact, elles ne réservent que pour les spéculateurs qui les circonviennent les calculs repoussants de la tire-lire.»

Faudra-t-il dire, malgré la justesse de quelques-unes de ces appréciations, qu'on y sent un peu trop le bouquet jeté à l'actrice de l'un des coins de la salle, au milieu de l'indifférence du parterre?... Quoi qu'il en soit, et pour ne pas laisser le lecteur dans le même embarras que se trouverait le berger Pâris, s'il eût eu de nos jours à décerner sa pomme, voici le troisième portrait que nous donne sur le même sujet M. Leblanc, du Vernet : « La Toulousaine, dit-il, a généralement de la morbidesse, de grands yeux vifs comme des écureuils, le nez impertinent et la jambe belle, mais elle pêche souvent par la base, et a parfois les pieds plus grands que les souliers, héritage funeste sans doute de la reine Pedauque, la reine aux pieds d'oison.... Les Toulousaines, il faut en convenir, n'ont pas échappé (ce qui eût été pourtant une spirituelle manière de se singulariser) au vertige qui s'est emparé des Françaises de nos jours. Comme toutes les contemporaines, elles sacrifient aux affiquets, aux prétintailles, et pratiquent la crinoline, programme menteur qui surprend la religion du public naïf par des promesses irréalisables.»

Tout ceci nous prouve de plus fort que tout paysage a son bon et son mauvais aspect, selon qu'il est vu de tel ou de tel autre côté, comme aussi toute médaille a son revers.

Quant aux Toulousains, l'auteur du dernier portrait en parle tout aussi à son aise : — « Toulouse, nous dit-il, jadis le centre politique et la capitale littéraire du Midi, la ville des ivresses poétiques.... est mollement couchée sur les rives de son fleuve, dont on a célébré les bords charmants... Elle s'est endormie dans la gloire de son passé, comme ces lazzaroni gueusement fiers et grandiosement avilis, que le soleil caresse sur les dalles sonores de la Chiaza. C'est un spectre assis sur un tombeau, l'oisiveté et l'ennui se sont attachés à ses flancs, comme la tunique de Déjanire, et dévorent ses enfants depuis le dandy brillant, bruyant et vide comme un grelot, jusqu'au truand sordide, dépenaillé, envieux et venimeux comme le reptile.... Les Toulousains laissent pousser les ronces dans leur existence ou n'y promènent qu'un soc stérile. Ils déploient toutefois une activité fébrile à caresser la bête puante de l'envie et cherchent à s'entre-dévorer à l'instar des soldats de Cadmus. »

« L'abbé de Voisenon, ajoute-t-il plus loin, disait au milieu d'un souper de philosophes : « Le peuple le plus spiri-
» tuel de la terre a un tort immense à mes yeux : il ne se
» lave pas assez les mains. » Des esprits moroses adressent spécialement ce reproche aux Toulousains des deux sexes ; ils disent que la ville ne se recommande pas par une propreté excessive, et poussent la misanthropie jusqu'à affirmer que la vermine fait ses noces dans les hôtels, qui réclament une impérieuse réforme.

» S'il n'y a pas de témérité à dire que Toulouse ne brille point par une propreté hyperbolique, il est permis aussi d'avancer un fait à savoir qu'elle manque de distinction et d'élégance ; c'est la ville des intentions approximatives, ou rien n'est cuit à point ; la terre promise des courtauds de boutique, l'Eden des garçons tailleurs... la *petite provence* des vieilles culottes de peau.... Petites gens, petit commerce, rues étroites, esprits plus étroits que les rues, prétentions monumentales et résultats microscopiques, mélomanie suspecte, amour effréné des histrions ; pratiques du culte religieux à la manière un peu idolâtrique de l'Espagne et de l'Italie, voilà Toulouse... La gent élégante, *rara avis*, émigre et se claustre dans ses foyers, laissant libre carrière au frétin populaire, qui s'exhibe avec frénésie, étalant un luxe aussi maladroit que celui des nègres constellés de verroteries. C'est précisément depuis qu'on se glorifie si obstensiblement, et avec si peu de sincérité, d'être né dans les rangs du prolétariat, qu'on a le fureur de se travestir en gentleman. »

Si à ce tableau du monde toulousain, fortement ombré, nous opposons ce que nous en dit celui qui nous en a déjà dépeint le sexe sous des couleurs si séduisantes, il nous fera trouver, chez nos compatriotes, outre l'esprit et la gaîté, beaucoup de penchant à l'obligeance et aux sentiments affectueux, beaucoup de douceur et d'amabilité... une excessive promptitude dans le jugement comme dans la détermination. Tels seraient les traits éminemment caractéristiques du Toulousain, selon M. Saint-Fargeau, qui ajoute : « Extrème

dans le bien comme dans le mal, il porte tout au superlatif;...
bien qu'il soit prompt à s'exalter, il n'a pas, dans son assiette
naturelle, les mœurs brutales qu'on reproche à certaines autres contrées du Midi : on remarque même une certaine douceur dans son langage, dans son patois, son accent et ses
manières, comparées surtout au langage rude, à l'accent désagréable et aux manières brusques du Marseillais (1)....

De ces deux portraits du Toulousain, lequel choisir? L'embarras est grand! — Pas du tout : il n'y a qu'à les prendre
tous les deux. — Mais comment les concilier, ils sont si différents l'un de l'autre ? — Rien de plus simple : cet autre
n'est qu'un habit à retourner dans tous les points, voilà tout ;
nous sommes sûrs dès-lors qu'il habille parfaitement, lui
aussi, celui à qui on le destine, en cela nous sommes sûrs
encore de nous conformer aux habitudes du pays où la pensée de l'individu ne se manifeste jamais qu'à l'envers.

Le Marseillais, dit-on, a des manières brusques : — Oui,
d'accord, mais il s'annonce, l'on sait ce qu'il veut, ce que l'on
peut espérer de lui, on peut même y compter; il sait aussi
prendre sa détermination, il ne lésine pas. En est-il de
même du Toulousain?... Il n'a pas les mœurs brutales; plein
de douceur, d'amabilité, on l'a vu, il est doux, très-doux,
câlin même; reste à savoir s'il est toujours bon d'accep-
ter tout cela comme monnaie de bon aloi. En somme, et de
tous ces défauts et qualités du Toulousain, il résulte que,
ni meilleur ni pire que d'autres, il peut à bon droit revendi-
quer sa petite part dans les travers et dans l'imperfectibilité
de l'humaine espèce.

Spécialités des divers quartiers. — Les principaux
hôtels sont généralement aux environs de la place du Capitole, et depuis celle de Lafayette ou Louis-Napoléon, jusqu'à
la rue des Balances ; le voyageur trouvera dans ce quartier
central tous objets, soit nécessaires, soit de fantaisie ; — dans

(1) Cette appréciation est d'un homme étranger à la localité
(*M. Girault de St-Fargeau*, Guide en France). C'est par erreur que
M. Joanne, dans son Guide sur les chemins de fer du Midi, l'attribue
à la plume d'un Toulousain, qui n'a fait que la reproduire.

FAÇADE DU CAPITOLE.

les rues Saint-Rome, de la Pomme et des Balances, il a des boutiquiers de toute sorte, — marchands de musique, — de gravures, — de parfumerie, — chapellerie, — habillements confectionnés, — librairie, ainsi qu'au commencement de la rue du Taur. — Le commerce en gros pour étoffes et draperies est dans les rues Sainte-Ursule et de la Bourse. — La rue des Marchands et celle des Changes, qui est une continuation de la rue Saint-Rome, en offrent un grand nombre de magasins de détail. — L'orfèvrerie est principalement dans la rue des Filatiers. — L'ameublement est disséminé un peu partout; — en occasion, il se trouve vers la place des Carmes. Comme dans toutes les villes, du reste, c'est vers le centre que se groupent la plupart des industries à Toulouse; c'est là que le voyageur n'aura que l'embarras du choix.

Les quartiers au nord-ouest du Capitole, tels que rues du Taur, des Lois, des Salenques, de l'Université, environs de Saint-Sernin, etc., etc., sont les quartiers à chambres garnies pour étudiants et militaires; c'est aussi de ce côté que sont la plupart des casernes; il ne faut pas y chercher le commerce. Le nord extérieur, boulevards Napoléon, Saint-Aubin et jusqu'au canal, sont ceux principalement des rentiers ou retraités. Là, sont aussi des ateliers en voitures et autres. Le sud de la ville est le quartier de la noblesse, rues Fermat, Ninau, Nazareth, Pharaon, Dalbade, etc. L'ouest extérieur ou Saint-Cyprien est le centre du commerce pour la Gascogne.

Une visite au Capitole.

L'étranger, si court que soit son séjour à Toulouse, ne peut qu'être désireux d'en consacrer quelques instants, à visiter les principales parties intérieures du grand édifice qui pare si bien la vaste place centrale de la ville. Ce n'est pas que le nom dont on a décoré son fronton triangulaire doive faire croire que Toulouse ait été colonie romaine; le contraire ne peut être contesté; et d'ailleurs quelle célébrité résulterait-il de plus pour l'ancienne capitale des *Tectosages* d'avoir été l'un des points stratégiques, choisi par les Romains pour mieux tenir sous leur domination les contrées environnantes? — Jusque vers la fin du siècle dernier existait encore dans cet édifice la grande salle du Consistoire, ou conseil (*capitulum*), dans laquelle les *capitularii*, nom dont plus tard on fit celui de *capitouls*, s'assemblaient ; le *Petit Consistoire* existe encore, et sa voûte gothique est une des curiosités à voir, avant qu'elle ne disparaisse dans la démolition et la reconstruction projetée de toute la partie de derrière du Capitole, qui offre plusieurs portes antiques.

Salle des Illustres.

Inutile de reproduire ici la description déjà donnée dans le *Panorama toulousain*, de l'entier édifice tel qu'il existe, tel qu'il existera probablement longtemps encore. De brèves notices biographiques sur les personnages plus ou moins célèbres, dont une des grandes salles du premier, dite *des Illustres*, renferme les bustes, vont servir de complément à cette description. Placés sans discernement, chacun en l'une des niches ovales et dorées, que l'on a imaginé d'échelonner sur un et deux rangs, dans les murs de la salle, ces bustes ne peuvent rationellement être suivis de l'un à l'autre ; mieux vaut les présenter ici d'après le rang d'ancienneté du personnage. C'est ainsi que le petit article sur chacun d'eux se terminera par le millésime du décès, à moins que cette date ne puisse être précisée.

Statius Ursulus aurait été, selon Eusèbe, un Toulousain qui, dans le dernier siècle de la république romaine, enseignait la rhétorique et dans les Gaules et à Rome (vers l'an 57 de notre ère).

Marc-Ant.-Primus, est ce général toulousain, dont les armes placèrent Vespasien sur le trône en battant l'armée de Vitellius, autre prétendant ; et il fut payé d'ingratitude.

Em.-Magn.-Arborius, autre rhétoricien, qui, appelé à Constantinople, fit l'éducation d'un des fils de Constantin, de Constance, dit-on ; il était l'oncle du poète Ausonne (313).

Victorinus, après avoir occupé avec honneur les principales charges de l'empire, préféra revenir vivre en philosophe dans Toulouse, sa patrie, qui, ensuite, de 418 à 420, fut prise par les Visigoths ; il fut alors obligé de se retirer en Italie, où il refusa d'entrer dans la cour d'Honorius (425).

Théodoric Ier, roi élu par les Visigoths à la mort de Vallia, dont les armes venaient de conquérir le pays. Il eut des luttes glorieuses contre Aëtius, général romain. Devenu l'allié de l'empire, il concourut à la défaite du barbare Attila, dans les plaines de Châlons ; mais il laissa la vie sur le champ de bataille (451).

Théodoric II, son successeur et fils, régna par l'assassinat de son frère aîné, que le peuple avait élu avant lui. Il doit néanmoins l'honneur de figurer dans sa niche à l'éclat de ses armes en Espagne et à la recommandation de Sidoine Apollinaire, qui, admis dans l'intimité de ce roi, n'a pu que le proclamer le plus distingué des monarques de sa lignée (466).

Raymond de Saint-Gilles, le plus célèbre des comtes de Toulouse, épousa successivement trois femmes, en ayant recours à la répudiation, ce qui était assez d'usage parmi les seigneurs de ce temps, au mépris même des foudres du Vatican, et ce qui n'empêcha pas Raymond de recevoir la visite d'Urbain II, en 1096. Mais aussi, obéissant à l'impulsion générale que ce pape parvint à donner par les prédications de *Pierre l'Ermite*, Raymond, quoique âgé de près de 70 ans, se croisa à la tête de cent mille hommes ; il partit pour la terre sainte, sans oublier d'emmener avec lui la belle Elvire, 3e épouse qu'il s'était donnée en Espagne, 10 ans auparavant. Il se montra l'un des chefs les plus sages, un peu trop opiniâtre, il est vrai, mais aussi l'un des plus braves de la 1re croisade ; il aurait refusé, dit-on, le trône de Jérusalem : c'est ce que ses désaccords avec les autres chefs ne permettent guère de supposer, malgré la grande estime dont il jouissait parmi les croisés. Il avait bâti une forteresse sur le penchant du mont *Liban* : c'est là qu'il mourut après avoir fait inutilement le siége de *Tripoli*, qui en était tout proche (1103).

Bertrand, fils du précédent, ne doit sa célébrité et sa place dans une des niches dorées qu'à son départ pour la Palestine, cette manie, à laquelle les seigneurs de l'époque n'obéissaient que pour avoir ensuite entre eux, sur ce lointain théâtre, des discussions et des querelles d'ambition. Il y mourut deux ans après son débarquement opéré à la tête d'une flotte nombreuse, qu'il avait équipée en faisant des levées d'argent par des moyens de toute sorte (1112).

Guill. de Nogaret, né à Saint-Félix de Caraman, d'abord professeur de droit civil à Montpellier, devint ensuite chancelier de France. Il sut défendre avec fermeté Philippe-le-Bel, contre les prétentions du pape Boniface VIII, dont la fierté et l'insolence l'emportèrent au point qu'il lui appliqua son gantelet sur la joue. Il fut ennobli, comblé d'honneurs et de biens par Philippe (1313).

Jacques Fournier, de Saverdun, de pâtre qu'il était, devint le pape Benoît XII (1342).

Jean de Pins, abbé à Moissac, conseiller-clerc au parlement de Toulouse, puis sénateur à Milan, ambassadeur à Venise et à Rome, et enfin évêque de Rieux; il ne manque pas de titres, mais il avait aussi beaucoup de savoir (1537).

Pierre Bunel, l'un des premiers écrivains de son siècle dans la langue de Cicéron (1546).

Nicolas Bachelier étudia d'abord à Toulouse, et puis en Italie, sous la direction de Michel-Ange. En peu d'années, il devint architecte habile et sculpteur distingué. Toulouse serait en quelque sorte peuplée des chefs-d'œuvre de cet artiste distingué, si beaucoup n'en avaient été détruits pendant les guerres de la ligue sous Louis XIV et sous la révolution. Ce que la ville possède encore de plus remarquable, sous le rapport de l'art ancien, est de Bachelier (1566).

J. de Nogaret de la Valette. Celui-ci a toute sa célébrité probablement dans l'inscription latine qui se trouve au bas de son buste, et de laquelle il résulte que ses exploits militaires, principalement à *Moncoporio,* lui valurent, sous Charles IX, d'être gouverneur d'Aquitaine, et que Toulouse doit honorer sa mémoire pour l'avoir sauvée des attaques de Coligny. Ce serait donc aux guerres de religion que ce Nogaret devrait son illustration. Nogaret de la Valette était le père de celui qui, ayant ses mêmes noms et prénom, se trouve désigné sous celui de duc d'Epernon, et eut la triste gloire d'être l'un des mignons d'Henri III (vers 1580).

Guy du Faur de Pibrac, homme d'esprit, mais d'un talent oratoire très-contesté, surchargeant sa diction d'ornements des anciens, peu appropriés au sujet, auteur de quatrains auxquels on ne s'amuse plus guère, et, pour tout dire, apologiste de la Saint-Barthélemy, tels sont ses titres (1584).

Arn. Duferrier, savant jurisconsulte, président du parlement de Paris, délégué au concile de Trente, y soutint avec fermeté les intérêts de la France ; à son retour, il se réunit au roi de Navarre, fut son garde des sceaux, et adopta ouvertement les doctrines de la réforme (1585).

Augier Ferrier, de Castillon, savant médecin et mathématicien, s'adonna beaucoup à l'astrologie, fort en vogue dans ces temps; il en fit paraître plusieurs traités, ainsi que des observations à Bodin, sur le 4ᵉ liv. *De la République*. Peu propre au rôle de courtisan, il avait abandonné la cour de Catherine de Médicis (1588).

J.-Et. Duranti, capitoul élu, non par le suffrage de ses pairs, mais d'autorité du parlement pendant les fureurs de la ligue, fut grand fondateur de couvents capucins, jésuites, feuillants, confréries de pénitents, etc., etc. « Très-zélé pour la destruction des huguenots, » dit Mézerai; il ne fut pas étranger, ainsi que l'histoire nous le montre, à l'exécution à Toulouse des ordres sanguinaires de la Saint-Barthélemy (1), ce qui ne le sauva pas cependant du fer des fanatiques, lorsque, après avoir si bien marché de front avec eux, il se vit obligé de chercher à les modérer dès qu'ils en vinrent à s'attaquer au pouvoir royal auquel il restait dévoué... (1589).

Jacques Cujas, né à Toulouse, dans la maison et dans la rue qui porte son nom, a été un de ces flambeaux dont l'éclat arrive aux extrémités de l'Europe et traverse les siècles. Ses commentaires et traités de jurisprudence sont l'œuvre la plus immense, la plus profonde que le génie de l'homme ait encore produit. Aussi ne faut-il pas s'étonner que les souverains et les facultés de tous les pays se soient

---

(1) Voyez d'Aldéguier, *Histoire de Toulouse*, p. 534 à 537, du t. IV, dans les notes duquel, p. 641 et 642, l'historien, après avoir cité les autorités à l'appui de ce qu'il a dit de Duranti, termine ainsi : *Nous insistons donc pour que cet indigne buste soit évincé de sa niche et de la salle; car lorsque nous jetons les yeux sur lui, nous les détournons de suite : il sue le sang.*

disputé un professeur d'un si rare mérite ; et ce mérite, il ne le devait surtout qu'à son travail personnel et à sa pénétration d'esprit toute exceptionnelle, car il était le fils d'un simple foulon qui ne pouvait faire de grands frais d'éducation pour lui. Mais qui le croirait? A Toulouse, sa patrie, on lui préféra, pour une chaire qui s'y disputa alors, Etienne Forcatel, ce qui fit dire au savant Gravina : « *Alors Toulouse préféra à l'homme un singe.* » Cujas, pratiquant le culte catholique, évitait de s'expliquer sur ses sentiments intérieurs. Lorsqu'on lui demandait ce qu'il pensait des matières théologiques qui s'agitaient de son temps, il répondait toujours: *Nihil hoc ad edictum prœtoris,* cela n'a aucun rapport à l'édit du préteur (la loi). Il enseigna quelque temps à Toulouse, mais comme professeur libre. Après avoir occupé plusieurs chaires à l'étranger, avancé en âge, il sentit le besoin de revenir en France, et se retira à Bourges, où déjà il avait aussi professé : il y mourut en 1590. Toulouse lui a dressé une statue.

Pierre du Faur de Saint-Jory, de la même famille que du Faur de Pibrac, était 1er président au parlement; il faisait aussi des vers qu'il n'a pas jugé à propos de faire imprimer, mais on a de lui un traité sur les jeux des anciens (1600).

Philippe de Bertier, président à mortier, composa un livre intitulé : *Diatreba duo*, et un poème latin, en l'honneur des Saints qui ont leur châsse à Saint-Sernin (1616).

Guillaume de Maran, élève de Cujas, professa à son tour pendant quarante ans (1621).

Antoine de Paulo, quarante-cinquième grand-maître de l'ordre de Malte, grâce à la protection de Joyeuse, son parent, gouverneur du Languedoc (1623).

Antoine Tolosani. Celui-là, à ce qu'il paraît, s'est illustré par ses prédications fougueuses et comme fléau des calvinistes. Il était Savoyard, et le voilà au panthéon toulousain !

Guillaume de Catel, conseiller au parlement de Toulouse, est l'auteur d'une *Histoire des comtes de Toulouse* et de *Mémoires historiques sur le Languedoc*. Il a son mausolée au Musée, l'inscription le désigne *profond et fidèle historien qui fut le premier à purger les annales des comtes et celles du Languedoc des fables et des inepties qui les défiguraient*, ce qui est vrai; mais la seconde partie de l'inscription, où l'on nous représente Catel comme ayant conclu dans son rapport sur Vanini, pour son supplice par les flammes, qui est malheureusement vraie aussi, n'est pas, de bien s'en faut, une *circonstance qui*, d'après ce qu'ajoutent les auteurs de l'inscription, *suffirait pour faire respecter la mémoire de cet illustre conseiller.* Bien mieux valait se taire que de fournir pour l'homme un tel titre de recommandation aux yeux de la postérité (1626).

Guillaume de Fieubet, président au parlement de Toulouse, et puis premier président à Aix (1628).

François de Maynard reçut de Richelieu l'honneur de figurer dans les quarante membres de création de l'Académie française; mais il eut beau le chanter et l'aduler de toute façon, il n'en obtint plus rien. Alors de méchantes satires succédèrent aux basses louanges, ce qui fit dire à Voltaire « que c'était trop ressembler à ces mendiants qui appellent » les passants monseigneur, et les maudissent s'ils n'en reçoi- » vent pas l'aumône. » Il fut l'élève de Malherbe, qui disait de lui qu'il tournait bien un vers, mais que son style manquait de force. Après toutes ses déconvenues, Maynard, de Paris revint à Toulouse, où, sur la porte de son cabinet, il fit graver cette inscription qui a survécu à ses œuvres (1646) :

> Las d'espérer et de me plaindre
> Des muses des grands et du sort,
> C'est ici que j'attends la mort
> Sans la désirer ni la craindre.

Pierre Goudouli ou Goudoulin, poète patois, qui sut donner du charme au langage des troubadours, justement délaissé et très-peu propre à favoriser l'élévation de la pensée. Il excella dans le style badin et léger, genre auquel ce langage se prête assez. Voici l'épitaphe qu'il fit pour lui-même (1649) :

> Aïci l'an trigoussat lé paouré Goudouli,
> Parço qué lé bougras bouillo pas y béni.

LISEZ : *Ici l'on a traîné le pauvre Goudouli,*
Parce que le gros gaillard ne voulait pas y venir.

Pierre Cazeneuve, prébendé de l'église Saint-Etienne, auteur des *Etymologies françaises*, imprimées à suite du *Dictionnaire* de Ménage, d'un roman (*la Caritie*), d'un *Traité des Jeux-Floraux*, etc. (1652).

Antoine Deville, ingénieur, maréchal-de-camp, etc., fut de bonne heure élevé au métier des armes. Son ardeur dans l'étude des sciences ne se borna point à leur théorie ; il sut donner à ses connaissances toute l'extention de la mise en pratique, en ce qui concerne l'attaque et la défense des places. Deville créa un système nouveau dans des ouvrages dont la publication le fit apprécier, et il en fit de nombreuses applications. La réputation rapide que lui obtinrent ses travaux était d'autant plus méritée, que c'est par la force de son esprit et par ses profondes méditations qu'il découvrait les secrets d'un art bien peu avancé à cette époque. Alors n'existaient pas ces corps savants qui, depuis, ont ajouté à l'illustration de notre patrie. La France n'avait pas alors l'école célèbre, qui est une pépinière de guerriers habiles et de savants. Deville médita sur les vices des divers modes employés avant lui, et, après s'être éclairé de sa propre expérience, il réunit ses études et ses travaux en un corps de doctrine qui reçut le nom de système français. Il existe de lui un *Traité des fortifications,* et un ouvrage intitulé : *De la Charge des gouvernements.*

Cet homme, célèbre aussi par plusieurs siéges de ville où il se distingua, joignait aux connaissances spéciales de sa profession une érudition vaste, un amour éclairé des lettres et des arts, qu'il cultiva même avec succès. D'un burin habile il gravait lui-même les planches de ses ouvrages ; il publia sur les monuments d'Italie des notices estimées et consignées dans les *Antiquités italiennes*, de Burman (1656).

Il est cependant de ceux que le capitoul Lafaille et ses confrères de l'époque n'avaient pas jugé à propos d'admettre dans un des ovales dorés ; et l'inauguration de son buste ne date que du 20 juillet 1827.

Pierre Fermat, le savant mathématicien, digne émule des *Descartes*, des *Gassendi*, etc. Il ne figure pas depuis longtemps à la galerie ; c'était un oubli que nous ne pouvons expliquer, mais que l'Académie a fait réparer. L'éloge de l'homme qui a tant contribué au progrès de la science des nombres a même été proposé pour sujet de prix (1665).

Emmanuel Maignan, religieux minime, qui s'est distingué aussi dans les sciences exactes (1676).

Paul Riquet. L'homme, à qui nous devons l'œuvre gigantesque du canal du Midi, est assurément une des illustrations de la France, il faut dire; c'est par reconnaissance, sans doute, qu'il se trouve au Capitole, mais sa place est à Beziers, son pays natal (1680).

Germain Lafaille, annaliste de Toulouse, dont le style ne manque pas d'élégance. Le discernement et la finesse dans les aperçus, dont il fournit quelques échantillons, nous le montrent comme capable de faire bien mieux, si, dégagé des préjugés de l'époque, il eut aussi joui de plus d'indépendance. Ecrivain au service des capitouls, son ouvrage sent trop l'obséquiosité à leur égard; il avait aussi à ménager la susceptibilité parlementaire, qui ne tolérait pas le blâme qu'elle méritait trop souvent. Chargé de composer la galerie des Illustres, il ne tint pas, de bien s'en faut, la balance d'une main égale. Aussi, dans cette galerie, voyons-nous des hommes sans autre mérite que leur position, ou leur privilége d'appartenir à quelque famille puissante, occuper la place d'autres hommes d'un mérite réel et bien plus dignes d'y figurer. Lafaille faisait aussi des vers (1711).

Jean Gualbert de Campistron, poète, élève de Racine, qu'il s'appliquait à imiter dans toutes les pièces de théâtres qu'il composait, dont plusieurs eurent cependant du succès. Il fut membre de l'Académie française, et cela sans se mettre sur les rangs, comme cela se pratiquait alors (1723).

Antoine Rivalz, peintre, qui, après avoir étudié sous son père, se perfectionna à Rome, où il remporta le prix : le sujet en était *Jupiter foudroyant les Titans*. Il fut si ingénieusement composé par lui, qu'il lui valut aussi un prix de poésie. Dans ses œuvres il s'est plu surtout à retracer l'histoire de son pays. Il y en a plusieurs au Musée. C'est principalement à ce peintre célèbre que Toulouse doit son *Académie des Beaux-Arts* (1735).

Dom Vaissette, bénédictin, auquel on doit l'*Histoire du Languedoc*, dont l'édition ancienne, en six volumes in-folio, est préférée à la nouvelle, malgré les notes de l'antiquaire Du Mège (1750 ou 1756).

J.-B. Furgole, savant jurisconsulte, ami de d'Aguesseau. Quel est l'avocat, de l'ancien barreau surtout, qui n'a pas lu et relu ses *Traités des donations, des testaments* et autres (1761)?

De Bastard, premier président du parlement de Toulouse, dont la célébrité, sans doute, est dans les luttes continuelles qu'il eut avec le corps tout entier qu'il avait blessé d'abord par son appétit à porter des signes plus distinctifs que ceux en usage pour la dignité dont il était revêtu. Il ne peut aussi qu'être célèbre pour avoir été le seul à soutenir les jésuites que le parlement en masse venait de proscrire. Si le cœur battait encore dans ce buste, il est probable que la niche octroyée ne serait pas même à sa convenance (1780).

Caffarelli, né au Falga, était au service sous Louis XVI; il le reprit sous le Consulat. Amputé de la jambe gauche à suite d'une blessure, il fut alors nommé membre de l'Institut national, où il se fit distinguer par d'excellents mémoires sur des matières philosophiques, l'enseignement, etc. Il était à la campagne d'Egypte en qualité de général de brigade, chef du génie; au siège de Saint-Jean-d'Acre (1799), il reçut une blessure au coude. Il ne put survivre à une seconde amputation.

On lit dans l'ordre du jour du lendemain de sa mort :...

Le général Caffarelli emporte au tombeau les regrets universels; l'armée perd un de ses plus braves chefs; l'Egypte, un de ses législateurs; la France, un de ses meilleurs citoyens; les sciences, un homme qui y remplissait un rôle célèbre.

Nicolas Dalayrac, né à Muret, compositeur célèbre. Les plus connus de ses cinquante-six opéras sont : *Nina, Renaud d'Ast*, *les Petits Savoyards, Adolphe et Clara, Maison à Vendre, Maison Isolée, Picaros et Diégo, Gulistan*. Il marqua le passage de l'ancienne à la nouvelle école (1809).

Philip.-Picot de Lapeyrouse, naturaliste célèbre. Il en a été question dans le *Panorama*, comme habile administrateur de la ville et l'organisateur de son jardin de plantes. Ses deux principaux ouvrages sont le *Traité des forges et mines de l'Ariége*, et surtout la *Flore des Pyrénées* (1818).

Sicard (l'abbé), instituteur habile et dévoué à l'instruction des sourds-muets; il en a publié de bonnes méthodes (1822).

Salle Clémence-Isaure.

Cette pièce, dans laquelle on entre par la porte que l'on voit à sa droite, quand on se trouve en face du buste de Louis XIV, a pour principal ornement la statue de la muse des Jeux-Floraux, autrefois placée sur son tombeau dans l'église de la Daurade. On lit au-dessous, gravée sur une table d'airain, une copie de l'inscription qui décorait autrefois le mausolée de tout temps vide de sa personne. Voici la traduction de cette inscription, qu'il ne faut pas prendre pour de l'histoire :

Clémence-Isaure, fille de Louis Isaure, de l'illustre famille des Isaure, s'étant vouée au célibat, comme l'état le plus parfait et ayant vécu cinquante ans vierge, établit pour l'usage public de sa patrie, les marchés au blé, aux poissons, au vin et aux herbes, et les légua aux capitouls et aux citoyens de Toulouse, à condition qu'ils célébreraient chaque année les Jeux-Floraux dans la maison publique qu'elle avait fait bâtir à ses dépens ; qu'ils y donneraient un festin, et qu'ils porteraient des roses sur son tombeau ; que s'ils négligeaient d'exécuter sa volonté, le fisc s'emparerait, sous les mêmes charges, sans autre forme de procès, des biens légués. Elle a voulu qu'on lui érigeât en ce lieu un tombeau où elle repose en paix. Elle a fait cette institution de son vivant.

Telle est l'inscription terminée, on le voit, par une des vérités de M. de la Palisse, à la différence pourtant que le fait avancé n'est rien moins qu'établi par cette affirmation finale, qui, pour vouloir trop prouver, ne prouve rien.

On remarque encore, dans cette salle, le buste en marbre blanc d'André Bernard, moine augustin, lauréat; les portraits de G. de Ponsan, mainteneur des Jeux-Floraux, des dames de Montégut et d'Esparbès, maîtresses ès-Jeux-Floraux, de Goudouli, d'un certain Laloubère, qui serait allé à Siam, en 1687, d'après ce qu'en dit *Raynal*, l'un des historiens fantastiques de la ville de Toulouse, de Le Franc de Pompignan, et de Boyer, président à la cour de cassation et fondateur du prix de l'*apologue*. Plus, enfin, une peinture représentant les Jeux-Floraux au moyen-âge.

C'est dans la salle que nous venons de décrire que l'Académie isaurienne tient ses séances ; à suite, et tout-à-fait au fond, est une petite pièce qui en renferme les archives, et c'est là que se trouve aussi, on ne sait trop pourquoi, le coutelas qui trancha la tète à Montmorency, dans la première cour du Capitole, en face même de la statue d'Henri IV, placée au-dessus de la porte à colonnes cannelées et ornée de belles sculptures de N. Bachelier.

Salle des Concerts et salle du Trône.

Revenant dans la salle des Illustres on n'a qu'à suivre devant soi, et on se trouve dans celle des *Concerts* ou *Bals*, qui n'en est que la continuation, et puis, plus loin toujours sur le même axe, vient la salle dite du Trône ; cette salle est circulaire et très-bien décorée : autour sont huit statues servant de candelabres ; de belles peintures ornent la voûte et les murs. Cette voûte est en forme de dôme ; elle est ouverte dans le haut, et laisse voir un plafond magnifiquement peint. On y remarque çà et là des anges ou amours tenant des armes. Dans les panneaux étaient les batailles de l'Empire ; elles furent pendant la Restauration remplacées par des allégories représentant la Justice, le Commerce, la Littérature, la Force, l'Agriculture et Vulcain, pour la fabrication d'armes. Il s'y trouve deux trônes, placés à l'époque (1808), l'un pour Napoléon, l'autre pour Joséphine.

Une visite au Musée.

Le Musée de Toulouse est un des plus variés et des plus intéressants qu'il y ait dans les départements ; il n'est pas à la vérité des plus riches en tableaux de grand maître et moins encore en objets d'histoire naturelle, mais ses galeries d'antiquités n'ont peut-être pas de rivales en France. Leur énumération, même sommaire, nous mènerait trop loin : l'amateur la trouvera dans le volume in-8º qu'en a publié

M. du Mège. — Quant aux tableaux, voici le choix qui peut en être présenté au lecteur désireux seulement d'en connaître les principaux (1), sur les 500 environ qui s'y trouvent divisés en 3 catégories : 1º Ecole d'*Italie* et d'*Espagne*, 98 ; — 2º Ecole *Flamande, Allemande* et *Hollandaise*, 109 ; — 3º Ecole *Française*, près de 300.

Ecole d'Italie.

1. *Barocci.* Sainte-Famille.

2. *Bassano.* Adoration des bergers.

3. *Belloti.* Le pont du Rialto.

6. *Canaletto.* Cérémonies du Bucentaure. — Tout en ressemblant à une ébauche, ce tableau se distingue par son éclatant coloris.

7. *Cararage* (Michel-Ange). Martyre de St-André. Peinture énergique.

11. *Castiglione.* Paysage.

24. *Le Guerchin.* Les saints protecteurs de la ville de Modène ; on remarque surtout saint Sébastien qui est nu et à genoux ; c'est une magnifique étude.

25. *Le même.* Martyre de deux saints ; un des plus beaux tableaux de maître.

27. *Guido Reni.* Jésus-Christ debout tenant sa croix.

28. *Le même.* Apollon écorche Marsyas.

42. *Le Pérugin.* Saint Jean l'Evangéliste et saint Augustin. La tête blonde de saint Jean manque d'expression ; il n'en est pas de même de celle de saint Augustin , qui se distingue aussi par sa finesse.

47. *Procaccini.* Mariage mystique de sainte Catherine , est d'un beau ton.

48. *Raphaël.* Tête colossale de femme qui doit être plutôt attribuée à *Jules Romain* qu'à Raphaël. — On voit des copies des principaux tableaux, et des loges de ce grand maître au musée de Toulouse.

62. *Roselli* (Matteo). Osias, prince du peuple d'Israël, reçoit Judith , revenant du camp assyrien.

63. *Salvator Rosa.* Neptune menaçant les vents. Ce tableau peut ne pas être du maître auquel le catalogue l'attribue.

66. *Solimena.* Portrait de femme jeune et belle ; peinture facile.

67. *Tempesta.* Ebauche de bataille

70. *Tispce.* Une tempête.

73. *Vanni* (Francesco). Sainte famille entourée d'anges.

---

(1) Si plus tard les Nᵒˢ viennent à être changés, un petit tableau mis ici en regard fournira la liste des Nᵒˢ corrélatifs aux anciens.

Ecole espagnole.

39. *Murillo.* Saint Diégo représenté au moment où, après avoir cueilli quelques racines qu'il a déposées à terre, il s'arrête devant le signe de la rédemption pour prier Jésus-Christ. Le général de l'ordre de Saint-François, auquel appartient saint Diégo, entretient un cardinal des vertus austères, de l'humilité profonde et de la piété toute évangélique de saint Diégo. Ce beau tableau manque surtout d'éclat; il laisse le spectateur parfaitement froid, mais la tête du général de l'ordre est un admirable portrait plein de vigueur et de caractère. — La restauration du tableau laisse à désirer.

Ecoles flamande, allemande et hollandaise.

107 *Bloemen.* Un manége.

108. *Le même.* Un trompette à cheval faisant l'aumône à un enfant.

109. *Le même.* Un maréchal-ferrant.

112. *Breughel* (dit de Velours). Paysage remarquable par sa finesse.

113. *Le même.* Autre paysage.

119. *Philippe de Champaigne.* La Vierge aux pieds de Jésus-Christ intercédant pour les âmes du purgatoire. Très-belle page de l'auteur.

123. *Le même.* Louis XIII donnant le collier de l'ordre du Saint-Esprit à l'un des grands de sa cour.

125. *Corneille.* Tableau remarquable, malgré les défauts de l'époque; son sujet est peu compréhensible : on ne sait pas si l'artiste a voulu peindre l'âge d'or ou bien exprimer les dérèglements qui excitèrent avant le déluge le courroux du Tout-Puissant.

126. *Crayer.* Job sur le fumier écoute patiemment les reproches de sa femme. La femme de Job se fait remarquer par son expression. — Excellente page de ce maître que l'on peut comparer à celles de *Rubens.*

127. *Vandyck.* Achille reconnu par Ulysse déguisé en marchand. Joli tableau de petite dimension.

128. *Le même.* Le Christ aux anges. Assez médiocre.

129. *Le même.* Miracle opéré à Toulouse par saint Antoine de Padoue. Peinture agréable et facile. Ce miracle, passablement étrange, demande une explication. Boinbille niait la vérité du saint sacrement de l'Autel; pour croire, il voulait un miracle; saint Antoine ordonna à un mulet qui n'avait rien mangé depuis trois jours de s'incliner devant une sainte hostie qu'il lui présenta. En vain Boinbille offrit de l'avoine à l'animal affamé. Le mulet obéit à saint Antoine et Boinbille convaincu se convertit....

135. *Janssens* (Corneille). Le couronnement d'épines. Bel effet de lumière.

136. *Jordaens* (Jacques). La Vierge, l'Enfant Jésus et saint Jean. — Douteux.

142. *Karel Dujardin.* Circé change les compagnons d'Ulisse en animaux.—Douteux.

143. *Kœberger.* Le Christ présenté au peuple.

144. *Gérard de Lairesse.* Le Sauveur crucifié.

145. *Le même.* Conversion de saint Paul. Ce dernier tableau est plus que médiocre.

146. *Lucas* (François). Le martyre d'un chrétien. Ce tableau, un peu confus, se distingue par sa couleur qui rappelle celle de Rubens.

150. *Vander Meulen.* Le siége de Cambrai. Se distingue par la rigoureuse ressemblance des personnages et l'excellente exécution des chevaux.

151. *Mieris* (le père). Por-trait d'un peintre inconnu (miniature).

154. *Mirevelt.* Portrait d'homme. Il était un des plus beaux du Musée avant d'être restauré.

156. *Poorter.* Lucrèce travaillant avec ses femmes. Singulier costume des Romaines.

160. *Rubens.* Le Christ entre les deux larrons. Tableau remarquable au double point de vue de la couleur et de l'expression ; malheureusement le Christ seul a été terminé, le reste n'est qu'une ébauche ; les soldats sont a peine brossés.

163. *Ruysdaël.* Paysage (douteux).

167. *Mlle N. Verelst.* Tête de vieillard.

171 et 172. *Wouvermans* (Pierre). Des voyageurs.

174. *Inconnu.* Descente de Croix.

178. *Inconnu.* Tableau a 3 compartiments, représentant le baptème de Jésus-Christ, la naissance et la décollation de saint Jean-Baptiste.

Ecole française.

210. *Bertrand* (François), toulousain, le fondateur du musée. Portrait de l'abbé Bertrand, antiquaire.

213. *Blondel.* La mort de Louis XII ; un des tableaux les plus niais et les plus vulgaires qu'ait jamais peint un membre de l'Institut.

215. *Boulanger* (Clément). La procession de la Gargouille. OEuvre plus que médiocre, lourde, plate et noire, tout-à-fait indigne de la réputation qu'une coterie parisienne a voulu lui faire.

216. *Boulanger* (Louis). Trois amours poétiques : Beatrix, Laure, Orsolina. Aussi niais et plus vulgaire encore que le n° 213.

220. *Brascassat.* Une sorcière, salon de 1835.

222. *Chalette.* Les 8 capitouls à genoux devant le crucifix.

225. *Coignet.* Ruines de Balbeck.

226. *Couture* (Thomas). L'amour de l'or, salon de 1844. Ce tableau, dont les qualités égalent les défauts, avait fait naître des espérances qui ne se sont pas réalisées. Depuis, M. Couture, comme beaucoup d'artistes de notre époque, a exagéré ses défauts sans perfectionner ses qualités.

232. *Eugène Delacroix.* Muley-Abd-err-Rahmann, sultan du Maroc, sortant de son palais de Mequinez, entouré de sa garde et de ses principaux officiers. Ce tableau, qui avait excité un si grand enthousiasme parmi les admirateurs fanatiques du talent réel de M. Delacroix, a beaucoup noirci. On n'y *sent* plus du tout le *soleil* qui brûlait la critique.

235. *Despax.* Peintre toulousain (1709 à 1773). David jouant de la harpe.

236. *Le même.* Une Sybille.

237. *Le même.* Jésus à table chez Simon le pharisien. — Ce tableau se distingue par sa vaste composition et la pureté du dessin.

246. *Fayet.* L'adoration des bergers.

247. *Le même.* Le repos en Egypte.

252. *Gérard* (le baron François). Portrait de Louis XVIII.

253. *Gérome.* Anacréon, Bacchus et l'Amour. Après avoir décrit ce tableau, M. A. I. du Pays (*Illustration*, mai, 1848) s'exprimait ainsi : « Cette œuvre d'un jeune artiste est remarquable sous le rapport de la distinction du dessin. Toutefois cette peinture froide, ce coloris attristé, n'ont rien d'attrayant; elle a quelque chose de tendu et d'artificiel, qui glace le spectateur ; elle semble avoir voulu le repousser par son austérité. Mais elle révèle un sentiment tel de l'antiquité, qu'on admettrait volontiers qu'elle fut un panneau détaché du palais de Scaurus. »

254. *Giroux* (André). Paysage. — Admirable dans toutes ses parties.

255. *Gros.* Hercule et Diomède. Ce tableau fut exposé au salon de 1835. Le public en rit, les critiques s'en moquèrent; l'ancien élève de David, abandonnant la voie féconde qu'il avait eu la gloire d'ouvrir à l'école moderne et dans laquelle il s'était immortalisé, revenait aux vieux errements de sa jeunesse. Il se remettait naïvement à peindre des *académies* dans les poses les plus impossibles, et, disons-le, les plus ridicules. Ces études de *nus* témoignaient encore d'un immense talent ; mais on demandait alors à l'art un but plus élevé. La génération nouvelle, appelée à juger l'*Hercule* et *Diomède* du peintre de *Jaffa*, d'*Eylau* et d'*Aboukir*, oublia les chefs-d'œuvre qui l'avaient précédé;

elle se montra plus que sévère pour l'auteur de ce tableau trop facile à critiquer. Gros ne put supporter les reproches amers qui lui furent adressés de toutes parts sur la décadence de son talent. Un matin, le 26 juin 1835, on le trouva mort à Meudon; il s'était noyé dans un accès de désespoir. Avant de mettre fin à ses jours, il avait exprimé le désir de voir le ministère de l'intérieur disposer du tableau d'*Hercule* et *Diomède* en faveur de Toulouse, berceau de sa famille. Mme Gros s'empressa d'accomplir le dernier vœu de son mari.

256. *Le même.* Vénus et l'Amour, peint sur bois. Fade et mauvaise peinture. Dans son testament, Mme la baronne Gros légua au Musée de Toulouse, « dont Gros est originaire, son tableau de *Vénus et l'Amour*, plus son portrait *coiffé d'un chapeau, le mien à mi-corps*, peint par lui, ses *palettes, la couronne et la palme* déposées par les artistes sur le tableau de la *Peste de Jaffa*, à l'exposition du Louvre en 1804... »

257. *Le même.* Portrait de Mme Gros. — Par cette œuvre, on peut apprécier le vrai talent.

258. *Le même.* Son portrait. Ce remarquable portrait, peint pendant que Gros étudiait encore à l'école de David, fut donné par l'auteur, comme témoignage d'amitié, au peintre Gérard, son condisciple d'atelier, quand celui-ci quitta Paris pour aller à l'armée d'Italie.

266. *Isabey* (Eugène). Port de Boulogne. Un des meilleurs ouvrages de cet artiste; peinture remarquable par l'éclat, la vivacité, l'esprit, mais d'une couleur de convention.

267. *Jouvenet.* Fondation d'une ville de la Germanie par les Tectosages.

268. *Le même.* Jésus-Christ descendu de la croix. Le corps du Christ est très-beau.

270. *Joyant.* L'ancien palais des papes à Avignon.

275. *Lafosse* (Charles). La présentation de la sainte Vierge au temple ; d'une couleur remarquable.

277. *Lagrenée.* Coriolan, banni de Rome, reçoit dans le camp des Volkes, Véturie sa mère, Volumnie, sa femme, et plusieurs dames romaines. Ce tableau est surtout curieux à étudier comme un modèle de la perversion du goût.

280. *Langlois* (Jérôme-Marie). Alexandre-le-Grand cède sa maîtresse Campaspe au peintre Apelle. Salon de 1819. Œuvre médiocre et ridicule, trop souvent copiée par les jeunes peintres de Toulouse.

281, 282, 283. *Largillière.* Portraits de la princesse douairière de Conti, de la comtesse de Bemareau et de Largillière.

286 à 290. Tableaux de *Lèbre* (André), peintre toulousain, 1688 à 1737.

299. *Mignard.* Ecce Homo.

304,305. *Monnoyer.* Fleurs.

308. *Natoire.* Portrait du duc de Montmorency.

309. *Oudry.* La prise du cerf. Louis XV et les courtisans représentés dans ce beau tableau sont très ressemblants. L'auteur s'est peint, dans l'un des angles, dessinant.

315. *Poussin* (Nicolas). Saint Jean-Baptiste dans le désert.

316. *Le même.* Sainte Famille.

320. *Restout.* Diogène demande l'aumône à une statue.

321. *Le même.* Jupiter et Mercure chez Philémon et Baucis.

326. *Rigaud.* Portrait de Racine.

329. *Rivalz* (Ant.), l'un des créateurs de l'Ecole des arts. Fondation de la ville d'Ancyre actuellement Angora, par les Tectosages. Grande toile très-admirée à Toulouse, comme de belle composition. Toulouse a eu trois peintres du nom de Rivalz : Jean-Pierre, qui exerça aussi la profession d'architecte ; Antoine, fils de Jean-Pierre (les 14 toiles de ce peintre, dont les portraits sont bien supérieurs aux tableaux proprement dits, occupent au Musée un très-grand espace) ; et Jean Pierre, fils d'Antoine.

332. Urbain II consacrant l'église Saint-Saturnin est aussi d'*Antoine*, et surpasse les autres.

345. *Roques*, de Toulouse, mort en 1847 dans un âge très-avancé, et dont la vie fut des plus laborieuses. — Les tableaux des deux églises (*Dalbade* et *Daurade*) signalent son talent dans le genre historique. — Le tombeau d'Amyntas, sujet tiré des idylles de Gesner, est une heureuse réminiscence des mélancoliques compositions du Poussin.

347. *Le même.* Portrait de sa mère ; très-bonne peinture.

348. *Le même.* Fête de la fédération, ou premier anniversaire du 14 juillet 1789, à Toulouse, sur le Boulingrin.

353. *Schopin.* Jacob demande Rachel à Laban. Ce tableau de l'élève de Gros, trop souvent copié aussi, est aux bergers arcadiens du Poussin, ce qu'une romance de Mlle Loïsa Puget est au *Prophète* de Meyerbeer.

354. *Sevin.* Alexandre et Diogène.

355. *Stella.* Le mariage de la sainte Vierge. Ce tableau est reproduit par *Landon*.

367. *Tournier*, né à Toulouse. Jésus-Christ porté au tombeau.

368. *Le même.* Jésus-Christ descendu de la croix ; le chef-d'œuvre de cet artiste.

371. *Troy* (François). Madeleine dans le désert.

372. *Le même.* L'Ange gardien conduisant un enfant.

374. *Valencienne*, de Toulouse, mort à Paris en 1819. Bélisaire (paysage historiq.).

375. *Valentin.* Judith tenant la tête d'Holopherne. Ce tableau est de très-belle couleur.

379 jusqu'à **385** sont des paysages de *Vanloo* (César) et non pas *Charles.* De celui-ci on n'a qu'une copie de son Jupiter transformé en aigle enlevant Ganimède.

388. *Vignon.* Allégorie sur les dangers de la jeunesse; un ange indique le ciel au jeune homme.

390. *Vincent.* Guillaume Tell, libérateur de la Suisse.

394. *Vouet* (Saint-Aubin). Saint Pierre délivré de prison. Tableau ressemblant à un transparent.

Glaise. La mort du Précurseur. Ce tableau, du salon de **1848**, attire les regards par la vigueur de son coloris; mais on reproche à l'artiste d'avoir abusé des tons noirs, ses personnages seraient aussi généralement raides. — Ce tableau donnant presque la même scène que le nº 25 de *Le Guerchin,* la ville pouvait se dispenser d'en faire le coûteux achat.

Bisson. Petit tableau de gibier.

Duveau. Abdication du doge Foscari. Ce tableau, exposé au salon de **1850** et remarquable par la composition, est malheureusement d'une couleur trop blafarde. « Il y a dans les traits et dans l'expression de la belle-fille du doge, dont on voudrait que la pâleur fût vivante et ressemblât moins au marbre,

une grâce et un charme qu'on aurait pu croire interdit au pinceau de l'artiste. »

Verlat. Un buffle surpris par un tigre, salon de 1853.

Hedouin. Femme de la vallée d'Ossau à la fontaine, salon de 1850. Peinture harmonieuse manquant un peu de vigueur.

Ces cinq tableaux sont sans numéro.

Anonymes.

395. Allégorie, dans laquelle quatre personnages, dont l'un tient une épée de la main droite, une balance de la main gauche (la Justice) et les autres, divers attributs, représentent les devoirs et les fonctions des magistrats municipaux.

Cette toile était au Capitole dans la galerie des Illustres.

401. Les Noces de Thétis et de Pélée, où la Discorde jette la pomme d'or, — *à la plus belle,* — que le berger Pâris adjuge à Vénus.

404. Portrait de Cinq-Mars.

405. Le repos en Égypte.

406. Des blanchisseuses.

407. Joli petit paysage, attribué à Claude Gélée, dit *Lorrain.*

MUSÉE ETHNOGRAPHIQUE.

Ne se compose guère que de curiosités chinoises et océaniques. C'est la galerie Roquemaurel.

Le MÉDAILLER de l'Académie des Sciences est dans les galeries d'*antiquités,* situées au-dessus du petit cloître.

Etablissements charitables.

Hôtel-Dieu Saint-Jacques. — Sur la rive gauche de la Garonne, à l'entrée du Pont-Neuf; il fut fondé avant le xiiᵉ siècle, détruit en 1430 par une innondation, incendié en 1434, souvent agrandi depuis sa reconstruction, rebâti en grande partie au siècle dernier, et, enfin, considérablement amélioré, surtout à l'intérieur, dans ces derniers temps. Il contient 560 lits, 450 pour les malades, et 110 pour le personnel. La salle Saint-Jacques, la plus grande et la plus belle de toutes les autres, renferme environ 60 lits. Les portraits des fondateurs et bienfaiteurs décorent les salles principales. On y reçoit les malades des deux sexes, ainsi que les enfants. Des sœurs de charité (Saint-Vincent de Paul) sont chargées de la surveillance intérieure des salles, veillent à l'exécution des ordonnances et à tous les détails d'alimentation, de chauffage, de blanchissage, et administrent la pharmacie sous la direction d'un pharmacien désigné à cet effet. Des employés spéciaux sont attachés aux diverses branches de l'administration. Le service de chaque salle est confié à un médecin en chef ou à un adjoint; les visites ont lieu le matin et le soir; les étudiants en médecine de l'école de Toulouse sont tenus d'assister aux pansements et aux opérations.

Hospice Saint-Joseph de la Grave. — Situé également sur la rive gauche de la Garonne, mais plus loin, est un des plus anciens de Toulouse. Une charte du comte Raymond V, de 1197, en fait mention en ces termes : *Versus ripam Garonœ quœ est versus hospitale de Grave.* Il fut réuni ensuite à l'hôpital Saint-Sébastien, fondé après lui. Il contient 1432 lits. Son dôme le fait distinguer de loin; l'ensemble de ses constructions ressemble à un grand village, dont les maisons seraient coupées de cours et de vastes jardins. Il y a là des vieillards des deux sexes, des mendiants, et surtout des enfants trouvés.

Hospice départemental des aliénés, *à plusieurs kilomètres de la barrière de Muret.* — Occupe une étendue immense.

Mentionnons, enfin, celui des *Orphelines*, rue Louis-Napoléon, qui contient 416 lits. — *L'Hôpital Militaire*, rue de ce nom. — Celui des *Protestants*, allée Bonaparte, 43.

Nous ne ferons que désigner aussi ce grand nombre d'autres établissements de charité, à peu près sans intérêt pour le voyageur : Bureaux de bienfaisance, dans les divers quartiers de la ville, — Petites Sœurs des pauvres, — Cercle philanthropique de la société de prévoyance des Ouvriers, — Société de prévoyance des Ouvriers, — Société de Saint-Vincent de Paul, etc., etc.

Renseignements divers (1).

Jours d'audience des divers Tribunaux.

Cour Impériale, *au Palais de Justice*. — 1re *Chambre civile*. — Les lundi, mardi et mercredi de chaque semaine à 1 heure ; elle entre les vendredi et samedi pour les affaires sur rapport.

2me *Chambre civile*. — Les jeudi, vendredi et samedi à 2 heures. — Le lundi et mardi, pour affaires sur rapport.

Chambre des appels de police correctionnelle. — Les jeudi à 11 heures, pour les appels de police correctionnelle. — Les vendredi et samedi, pour affaires civiles à 11 heures 1|2.

Le ressort de la Cour comprend les départements de la Haute-Garonne, — de l'Ariége, — du Tarn — et du Tarn-et-Garonne. — Il existe dans le ressort de la Cour, 14 Tribunaux civils, — 6 Tribunaux de Commerce, — 2 Conseils de Prud'hommes (Toulouse et Castres), — 118 Justices de Paix, — 2 Tribunaux de simple police (Toulouse et Montauban).

Tribunal do 1re Instance, *au Palais de Justice*. — 1re *Chambre*. — Les lundi, mardi, mercredi, jeudi et vendredi, pour les rapports.

2me *Chambre*. — Les mardi, mercredi et jeudi, pour le correctionnel; — les vendredi et samedi pour le civil.

(1) *Pour épargner au lecteur l'aridité d'une longue série d'indications, une nomenclature générale à laquelle nous le renvoyons pour toutes recherches, les lui donnera alphabétiquement à la fin du volume.*

L'audience des *référés* devant M. le président est fixée au vendredi à 1 heure.

Trois autres Tribunaux de 1re Instance sont établis dans le département de la Haute-Garonne : — à Saint-Gaudens, — à Villefranche, — à Muret. — Les lois sont pour le département de la Haute-Garonne exécutoires le 8e jour après leur promulgation, eu égard à 669 kilom. de distance de Paris.

Bureaux d'Assistance judiciaire. — Pour les indigents, tant près la Cour que près le Tribunal de 1re instance.

Ils sont l'un et l'autre au Palais de Justice.

Tribunal de Commerce. — *A l'hôtel de la Bourse.* — Audiences le mardi et le vendredi de chaque semaine, à midi.

Cinq autres Tribunaux de Commerce sont établis dans le ressort de la Cour Impériale de Toulouse, savoir : à Saint-Gaudens, — à Alby, — à Castres, — à Montauban, — à Moissac.

Justice de Paix. — Est divisée à Toulouse en quatre arrondissements, tant pour la ville que pour les communes rurales dépendant de chacune de ces quatre sections.

SECTION CENTRE, 2me *cour du Capitole.* — Audiences le jeudi pour les billets d'invitation et conciliation, — les vendredi pour les jugements.

Les communes de Castelmaurou, l'Union, Montberon, Pechbonnieu, Rouffiac, Saint-Geniès, Saint-Loup, ressortissent de cette section.

SECTION NORD, *rue Louis-Napoléon.* — Audiences le vendredi et le samedi.

Les communes d'Aucamville, Castelginest, Fenouillet, Fonbeausard, Gagnac, Launaguet, Saint-Alban, dépendent de cette section.

SECTION SUD, *au Palais de Justice.* — Audiences le lundi pour les conciliations, billets et renvois, et le mercredi pour les jugements.

Les communes de Balma, Beaupuy, Dremil-Lafage, Flourens, Mondouzil, Mons, Montauriol, Montrabe, Le Pin, Quint et Ramonville en ressortissent.

SECTION OUEST, *rue Bonaparte,* 26. — Jours d'audiences, les lundi et mercredi.

En outre de tout le faubourg Saint-Cyprien, cette section comprend les communes de Beauzelle, Blagnac, Colomiers, Cornebarrieu, Cugnaux, Mondonville, Portet, Tournefeuille.

Police judiciaire, *salle du Petit-Consistoire.* — Les audiences ont lieu le vendredi; son ressort embrasse les 4 Justices de paix de Toulouse.

Petit Parquet. — Siége le samedi dans la même salle.

Conseil des Prud'hommes, *au Tribunal de Commerce.* — Il siége en *bureau particulier*, le jeudi à 7 heures du soir, pour concilier les parties, et en *bureau général*, pour terminer les affaires que le premier n'aurait pu concilier. — Le président donne des audiences le lundi, de midi à 1 heure au secrétariat, hôtel de la Bourse. Ce secrétariat, où l'on délivre les convocations, est ouvert de midi à 4 heures.

Commissariats de police. — La ville de Toulouse est divisée en 8 commissariats de police depuis 1854; auparavant elle n'en avait que six. Leur circonscription se trouve déterminée par arrêté préfectoral.

Il serait trop long et fastidieux même pour le lecteur de la lui présenter ici, vu que souvent la même rue se trouve fractionnée et ressortir de plusieurs de ces 8 commissariats. L'étranger, si par hasard il en a besoin, n'aura qu'à s'adresser au bureau dit *de la permanence,* au Capitole.

Jours et heures des cours dans les Facultés et les Ecoles publiques.

Faculté de droit, *rue de l'Université.* — 1re année, — *Code Napoléon*, les lundi, mercredi et vendredi, à 8 heures et demie. — *Institutes ou Droit romain*, les mardi, jeudi et samedi, à 8 heures et demie. — 2me année, — *Code Napoléon*, les mardi, jeudi et samedi, à midi et demie. — *Droit romain*, les lundi, mercredi et vendredi, à 11 heures. — *Procédure civile*, les mardi, jeudi et samedi, à 8 heures et demie. — *Droit criminel*, les lundi, mercredi et vendredi, à midi et demie. — 3me année, — *Code Napoléon*, les lundi, mercredi et vendredi, à midi et demie. — *Droit administratif*, les mardi, jeudi et samedi, à midi et demie. — *Droit commercial*, les lundi, mercredi et vendredi, à 11 heures. — 4me année, — Conférences tenant lieu de cours, mardi et vendredi, à 2 heures et autres jours.

Faculté des sciences, *rue du Lycée.* — *Mathématiques pures*, les jeudi et samedi, à 2 heures du soir. — *Mathématiques appliquées*, les mardi et vendredi, à 2 heures. — *Astronomie*, les lundi et mercredi, à 2 heures. — *Physique*, les jeudi et samedi, à 7 heures du soir. — *Chimie*, les lundi et mercredi, à 7 heures du soir. — *Zoologie, Anatomie et Physiologie comparées*, les mardi et vendredi, à 7 heures du soir. — *Botanique*, les lundi et mercredi, à 4 heures et demie du soir. — *Minéralogie et Géologie*, les lundi, mardi et vendredi, à 2 heures.

Faculté des lettres, *rue Matabiau*, 13. — *Littérature grecque*, les mardi et vendredi, à 2 heures et quart. — *Littérature latine*, les lundi et samedi, à 2 heures et quart. — *Littérature française*, le mercredi, à 4 heures, et le samedi, à 3 heures et demie. — *Philosophie*, les mardi et vendredi, à 3 heures et demie. — *Histoire*, les lundi et jeudi, à 3 heures et demie.

École de Médecine et de Pharmacie, *allée Saint-Michel.* — L'enseignement de cette école est le même que celui des autres facultés. Comme ses cours n'intéressent que MM. les étudiants qui, eux, en connaissent les heures, nous nous dispensons de les indiquer.

École des sciences appliquées. — Les divers cours de cet enseignement ont lieu, les uns à l'École des Arts, les autres dans les salles de la Faculté des Sciences et de la Faculté des Lettres.

L'institution *Amilhau*, autrefois *Toussaint*, est désignée par M. le recteur de l'Académie pour recevoir les élèves pensionnaires ou étrangers à la ville qui veulent prendre leurs grades à cette école.

École des Beaux-Arts et des Sciences Industrielles, *rue des Arts*, 25. — Comme les cours de cette école ne sont que pour les élèves inscrits avant le 15 novembre de chaque année, nous nous dispenserons aussi d'indiquer les jours et heures auxquels ils ont lieu. Il en est de même pour l'*École de musique.*

Bibliothèque publique, *rue du Lycée.* — Est ouverte tous les jours, excepté le lundi, depuis 10 heures du matin jusqu'à 3 heures du soir. Il y a des séances de nuit, à partir du 15 novembre jusqu'au 31 mai, de 7 à 10 heures tous les soirs.

Bourse de Toulouse. — La Bourse de Toulouse a obtenu, par décret du mois de novembre 1852, un parquet où se négocient tous les jours, par l'entremise des agents de change, les effets publics, valeurs industrielles et autres susceptibles d'être cotées, soit au comptant, soit à terme.

La tenue de la Bourse a lieu tous les jours non fériés, à 4 heures trois quarts de l'après-midi, à l'hôtel de la Bourse, place du même nom.

Il est attribué aux agents de change 1/8 p. % sur les opérations au comptant, 1/8 p. % sur celles à terme, soit ferme, soit à prime. Le courtage sur les chemins de fer ou autres actions industrielles ne peut être moindre de 12 fr. 50 pour 25 actions; le courtage sur les rentes ne peut être moindre de 1 fr. 50.

Il leur est attribué pour la négociation des lettres de change sur l'étranger, 1/3 p. %; pour la négociation des effets de commerce de l'intérieur de la France, 1/8 p. %, payable la moitié par le cédant, l'autre moitié par le preneur.

Théâtres. — Lieux de réunion.

Le Grand-Théâtre. — Il existe un projet de construction du théâtre que l'on bâtirait derrière le Capitole, dans la partie occupée par l'École mutuelle et les pompiers.

La ville de Toulouse donne au directeur du théâtre une subvention de 80,000 fr., la jouissance gratuite de la salle de spectacle du Capitole, des décors, partitions et accessoires lui appartenant. — Le directeur, d'après le cahier des charges, est tenu de faire représenter le grand opéra, l'opéra comique, le drame, la comédie, le vaudeville et le ballet. — L'année théâtrale commence le 1er juin et finit le 31 mai (1).

_____

(1) _Abonnements_ : à l'année, pour les hommes, 200 fr.; pour les dames, 100 fr.; pour les étudiants, 150 fr.— Au mois, pour hommes. 20 fr.; pour dames, 12 fr; pour étudiants, 15 fr. — Le prix des loges se traite de gré à gré avec l'administration; les stalles, à l'année, 150 fr.

Prix des places : Stalles, 5 fr.; premières, 3 fr. 50 c.; secondes et parterre, 1 fr. 50 c.; paradis, 75 c.

Théâtre des Variétés. — Situé avenue Louis-Napoléon, joue le drame, la comédie et le vaudeville (1).

Théâtre Philharmonique, rue Lapeyrouse, 25, est pour la comédie bourgeoise.

Cirque Castellane. — Ouvert pour écuyers, boulevard Saint-Aubin, 80.

Bals publics. — Les principaux sont : le *Catelan toulousain* et le *Colysée*, tous les deux sur les allées Louis-Napoléon; plus le *Château des Fleurs*, boulevard Napoléon; les *Champs-Elysées*, etc., etc.

Foires et Marchés à Toulouse.

Foires. — Ont lieu à Toulouse à diverses époques, et y deviennent d'année en année plus importantes. *Le lundi de Quasimodo* pour les tissus, laines, cuirs-laines, castorines, draperie, sous toilette ou flanelles, etc., etc.

La Saint-Jean, 24 juin, pour molletons, cordelaterie, draperie sous toilette, cotonines.

La Saint-Barthélemy, 24 août, pour les mêmes objets.

Aux mêmes époques se tient dans les vastes locaux ou hangars de la rue Rivals, 10, *la foire de laines* en suint et lavées, qui, comme les précédentes, dure huit jours à chaque période.

Le 1er novembre commence la foire des soies. Cette foire a été créée par feu M. Arsac qui, de son vivant, s'est distingué par son dévouement aux intérêts de la ville, dont à plusieurs époques il a été maire. Cette foire dure huit jours, et se tient à l'hôtel de la Bourse.

La Saint-André, 30 novembre, pour les draperies aussi, dure huit jours.

Aux mêmes époques de la plupart des foires ci-dessus, se tiennent aussi celles *aux chevaux*, sur la place du Foiral, près le Grand-Rond.

Celle des *cocons*, enfin, a lieu au mois de juin.

---

(1) *Prix des places* : Stalles, 2 fr. 50 c.; premières, 2 fr.; secondes et parterre, 1 fr.; paradis, 50 c.

Foires-Marchés. — 1º *le jeudi-saint*, place Saint-Georges, pour le salé; — 2º *le 1er mai*, place Saint-Sernin, pour le salé et la faïence, et rue du Taur pour les fleurs; — 3º *le 24 juin*, rues des Couteliers et de la Dalbade, pour fleurs, plantes médicinales, faulx et outils aratoires, etc.; — 4º *29 juin*, au port Saint-Pierre pour les mêmes objets; — 5º *24 août*, place du Salin, pour l'ail, les cerceaux, les comportes, etc.

Marchés : — 1º *aux fleurs et arbustes*, tous les jours, place St-Pantaléon; — 2º *aux grains*, le lundi, mercredi et vendredi, à onze heures du matin, à la halle au blé, place de la Pierre; — 3º *aux œufs, au gibier* et *volaille*, les lundi, mercredi, vendredi, au port Saint-Pierre; — 4º *au poisson*, les mercredi, vendredi et samedi, à la halle au poisson, près le Pont-Neuf; — 5º *aux herbes, aux fruits*, etc., sur les places du Capitole et des Carmes, tous les jours jusqu'à onze heures du matin; — 6º *au bois*, tous les jours, place du Pont-Neuf et place du Marché-au-Bois; — 7º *aux cochons et bêtes à cornes*, le vendredi, aux Minimes, et à Saint-Cyprien (allée de Garonne), le mercredi; — 8º *aux toiles, fil, lin et chanvre*, le lundi, à la place des Carmes; — 9º enfin, *à la friperie en défroques, habits et chaussures*, à la place Saint-Georges, tous les jours.

MARCHÉS DE LA HAUTE-GARONNE.

Lundi : Auterive, — Bessière, — Cassagnabère, — Loubens, — Montréjeau, — Salies, — Toulouse.

Mardi : Aurignac, — Castanet, — Cintegabelle, — Lévignac, — Longages, — Saint-Béat, — Saint-Lys, — Verfeil, — Saint-Félix.

Mercredi : Aspet, — Auterive, — Bagnères-de-Luchon, — Boulogne, — Cadours, — Fousseret, — Saint-Sulpice, — Toulouse.

Jeudi : Caraman, — Carbonne, — Fronton, — Léguevin, — Nailloux, — Rieumes, — Saint-Gaudens, — Venerque.

Vendredi : Auterive, — Saint-Martory, — Toulouse.

Samedi : Baziége, — Cazères, — Grenade, — l'Ile-en-Dodon, — Montastruc, — Montesquieu-Volvestre, — Muret, — Revel, — Villefranche, — Villemur.

Voitures publiques.

Citadines. — Elles stationnent sur toutes les places publiques, et leur bureau principal est sous les arcades de la place du Capitole.

Dans la ville, jusqu'aux limites de l'octroi, la course est à 1 fr. 25; l'heure, 1 fr. 50. — *Hors de l'octroi*, jusqu'aux limites de la commune, la course tout comme l'heure se payent 2 fr. — Le pour-boire est facultatif. — Le prix de la 1re heure ne peut être fractionné. — Les voitures prises au jour doivent être rentrées avant minuit.

Omnibus *du chemin de fer.* — Ces omnibus correspondent avec tous les trains de départ et d'arrivée. Leurs bureaux sont établis : rue Louis-Napoléon, 21 ; place du Chairedon, 2 ; place Saint-Michel, 3 ; rue du Faubourg-Saint-Etienne, au bureau de tabac. On paye :

Aux bureaux et hôtels, 25 c par voyageur et 20 c. par colis.
A domicile, 40 c. par voyageur et 30 c. par colis.

Le prix des voitures de famille à six places (quand elles ne font pas le service d'omnibus) sont :

Un voyageur avec ses bagages. . . . . 1 fr. 25.
Deux voyageurs et leurs bagages. . . . . . 2 fr.
Au-dessus de 2 voyageurs, une course. . 3 fr.

Omnibus, *pour la banlieue ouest.* — Ils stationnent à la place du Pont-Neuf. Ils vont à Muret, Pibrac, etc.

Messageries et Diligences.

Les voici désignées et indiquées ainsi que les divers services de chacune d'elles :

Messageries du Midi et du Commerce, *rue Louis-Napoléon*, 21. — Pour Ussat, Ax, Aulus, Saint-Girons, Foix (Ariége) ; — pour Auch, Pau, Tarbes et les Pyrénées; — pour Albi et Castres ; — pour Luchon et Encausse.

Messageries Impériales, *même rue*, 22. — Pour Bayonne; — pour Limoges. — Dans la saison thermale, il y a des services sur Luchon; — sur Bagnères-de-Bigorre, Baréges,

Cauterets, par Tarbes ; — sur Eaux-Bonnes, Cauterets et Dax, par Pau, etc. — L'administration se charge aussi du transport de marchandises, finances, etc., par grande et petite vitesse, sur toutes les lignes de France et par correspondance avec les *chemins de fer ;* comme aussi pour l'Italie, le Levant et les côtes d'Afrique, par les *paquebots de la Méditerranée.*

Hôtel Capoul, *place Louis-Napoléon.* — Lavaur, Castres et Mazamet ; — Saint-Gaudens, Encausse, Luchon ; — Bigorre et Cauterets, par Saint-Gaudens ; — et *par correspondance,* Tarbes, Pau, Luz, Saint-Sauveur, etc.

Vincens, *même place,* 2. — Puylaurens, Castres et Mazamet ; — Revel. — Et de plus le roulage.

Poste aux chevaux, *rue des Arts,* 18. — Pour Alby le matin et pour Rabastens à 3 heures du soir.

Hôtel d'Espagne, *rue Peyrolières,* 18. — Il part des diligences pour Saint-Gaudens, Bagnères-de-Luchon, ainsi que pour Tarbes et Pau par Saint-Gaudens et Montréjeau ; — pour Boulogne, Lombez, l'Ile-en-Dodon et pour Lézat.

Relayeurs réunis, *rue Lapeyrouse,* 6. — Ont des services sur Agen et Bordeaux ; — sur Castres et Mazamet ; — sur Bagnères-de-Luchon ; — sur Encausse, etc., etc.

Hôtel Lacaux, *rue de l'Echarpe,* 3. — Pour Saint-Girons, bains d'Aulus et d'Audinac ; — Aspet, bains Ganties, Encausse et pour Saint-Martory ; — Condom, Mauvesin, Fleurance et Lectoure ; — Ile-en-Jourdain, Gimont et Auch, et enfin Muret.

Hôtel Delpech, *même rue.* — Pour Montesquieu et Carbonne ; — Beaumont de Lomagne ; — Rieumes et le Fousseret ; — Lézat et l'Ile-en-Jourdain.

Hôtel Rech, *rue Chaude.* — Gimont et Auch ; — Luchon, etc.; — Rieumes et le Fousseret ; — Lézat ; — Carbonne, Rieux, Montesquieu-Volvestre.

Rue Matabiau, 21. — Pour Lavaur, Verfeil et Villemur.

Place du Chairedon (faubourg Saint-Cyprien). — Pour Gimont, l'Ile-en-Jourdain, Grenade et autres localités.

EXCURSIONS A L'EXTÉRIEUR

Et dans les villes et localités remarquables du département.

Partie du nord à l'est et jusqu'à Saint-Féréol.

EMBOUCHURE et BLAGNAC. — C'est sur ces deux points que se portent ordinairement les Toulousains, pour leurs parties de campagne. Le premier des deux surtout, n'étant qu'à environ deux kilomètres de la ville, n'est qu'une courte promenade au bout de laquelle on est amplement dédommagé, car il y a bien des choses à voir sur ce point ; et d'abord tous ces canaux qui, sous trois ponts reliés ensemble, se réunissent ; puis le joli bas-relief, en marbre, qui existe entre deux de ces ponts ; tout près de là, le grand bassin de décantation et les trente-six réservoirs, par lesquels la tranche supérieure des eaux tombe seule dans le bassin inférieur d'où elles arrivent à leur destination (le canal Latéral), au moyen d'un aqueduc à siphon, pratiqué sous le port de l'embouchure ; à l'extrémité de ce même bassin de décantation, les six épanchoirs de fond qui ont pour objet de rejeter dans le biez de fuite du moulin du Bazacle, au moyen de chapes, les dépôts de limon qu'amènent les eaux troubles du fleuve.

A tous ces grands et beaux travaux de main d'homme vient se joindre l'agrément et la beauté du site ; ces ramiers touffus à droite et à gauche ; et tout le long du fleuve, ces beaux gazons, cette fraîche verdure font vraiment de ces lieux un séjour délicieux.

Le village de *Blagnac* n'est éloigné de ce point que de 16 à 1700 mètres ; on y arrive par une belle route et par un pont suspendu, remarquable par sa hardiesse. Ce pont, jeté sur la Garonne, ne repose que sur les deux culées bâties à chaque rive du fleuve. Il y a un beau château et un beau parc à Blagnac. C'est là même qu'en est le principal hôtel : aussi les visiteurs toulousains n'y manquent pas.

Cirque romain. — On peut revenir en ville par l'ancienne route qui est sur la rive gauche, et dans ce cas, à moitié chemin à peu près, on trouve à sa gauche les anciens débris d'un cirque romain, situé sur la hauteur de Saint-Martin-du-Touch; il est clos par une forte haie qui surmonte une palissade élevée. C'est au propriétaire voisin à qui il appartient qu'il faut s'adresser pour obtenir de visiter l'intérieur. Les broussailles, dont le sol de cette enceinte est couvert, laissent cependant apercevoir des débris de gradins, des vestiges de loges, et dans l'intérieur on distingue l'excavation profonde qui servait aux exercices meurtriers dont les Romains faisaient leurs délices. Ces arènes sont peu considérables, ce qui fait supposer qu'elles étaient une simple propriété particulière et non un édifice public.

PIBRAC. — C'est aussi un lieu très-fréquenté, non pas seulement par les Toulousains, mais aussi par la majeure partie de ceux qui viennent visiter leur ville; beaucoup de gens même ne viennent à Toulouse que pour faire un pèlerinage à Pibrac. C'est l'humble bergère Germaine Cousin, née à la fin du xvııe siècle, et béatifiée à Rome en 1854, qui est le but de ces pèlerinages. Le village a 834 habitants, il est du canton de Léguevin, et à 14 kilomètres nord-ouest de Toulouse. L'église du lieu s'enrichit tous les jours par les offrandes que la vogue de la sainte lui procurent; aussi est-elle bien parée. Dans une prairie est située la maison où la bergère est née.

On y voit l'ancien château de Guy du Faur de Pibrac, chancelier de Navarre, et président du parlement de Paris, qui a sa place au Panthéon toulousain. C'est dans un cabinet orné de boiseries sculptées qu'il composa ses fameux quatrains; il a conservé le nom de *cabinet des quatrains.*

On trouve dans le village une auberge où le confortable et tous les rafraîchissements, que peut désirer le voyageur, lui sont fournis à des prix modérés.

Les omnibus, faisant en une heure et demie le trajet de *Pibrac,* stationnent sur la place du Pont-Neuf; on part de Toulouse vers six et sept heures du matin, on revient de Pibrac dans l'après-midi, le tout pour 1 franc; à deux heures on est de retour à Toulouse.

LAUNAGUET. — Du canton nord et à 8 kilomètres de Toulouse, est un des beaux sites des environs. Ses fertiles plaines, ses vertes prairies sont entrecoupées de jolis coteaux, d'où l'on jouit d'un point de vue très-étendu. Il possède un château qui est un bel édifice moderne, auquel l'ancien a cédé sa place.

VILLEMUR-SUR-TARN est une petite ville de 5,314 habitants, chef-lieu de canton, à 38 kilom. nord-ouest de Toulouse. Elle doit son origine à un château-fort qui fut longtemps l'apanage d'une famille puissante, relevant des comtes de Toulouse. Le château fut pris et repris pendant la guerre des Albigeois par les troupes de Simon de Montfort. En 1302, Villemur appartenait à Adeu, comte d'Albi. Le duc Scipion de Joyeuse, chef des ligueurs, en fit deux fois le siége, et trouva la mort dans les eaux du Tarn qu'il avait à traverser, alors que, poussé l'épée aux reins dans une sortie des assiégés, il ne put passer sur le pont que ceux-ci venaient de couper.

Cette ville est agréablement bâtie sur la rive droite du Tarn, que l'on y passe, en venant de Toulouse, sur un beau pont suspendu; elle fait un commerce important des produits de son territoire.

VILLEFRANCHE. — A 36 kilomètres sud-est de Toulouse, quoique chef-lieu d'arrondissement, n'offre, à peu près, pour tout intérêt, que la grande fertilité de son territoire. Sa population est bien près de 3,000 habitants. Détruite pendant la guerre des Albigeois, elle fut rebâtie par Alphonse, le mari de Jeanne, comtesse de Toulouse. En 1355, le prince Noir s'en empara, la pilla et l'incendia; en 1439, les routiers la saccagèrent; en 1561, le procureur-général du parlement de Toulouse la signalait à Catherine de Médecis comme un des principaux foyers calvinistes. La construction du canal du Midi, dont elle est assez rapprochée, lui a fait grand bien. Elle ne consiste principalement qu'en une très-longue rue que suit la grande route. On y fabrique de la toile, de la bonnetterie, des couvertures de laine, de la poterie; il y a aussi quelques tanneries.

REVEL. — *Rebellum*, petite et industrieuse ville, chef-lieu de canton. Elle avait 6,000 habitants, mais le choléra de

1854 a réduit sa population à 5,200. Elle se trouve presqu'à la limite *est* du département de la Haute-Garonne d'avec celui du Tarn. Ce ne fut d'abord, et en 1174, qu'un simple château que deux vassaux de Roger II, vicomte de Beziers, bâtirent au milieu d'épaisses forêts remplies de brigands. Plus tard, Philippe de Valois y fit construire une bastide (1332), et les priviléges qu'il offrit y attirèrent 3,000 habitants. Revel appartenait au comté du Lauraguais, et fut témoin de la victoire remportée en 1381, par Gaston Phœbus, comte de Foix sur le duc de Berry, frère du roi, auquel il disputait le gouvernement du Languedoc. En 1474, le parlement de Toulouse s'y transporta pour éviter la peste. Les calvinistes s'emparèrent de Revel en 1567, et y commirent, dix ans plus tard, de grandes cruautés, en représailles de celles qu'ils éprouvaient eux-mêmes ailleurs. Le traité de Nérac le donna comme place de sûreté au roi de Navarre. Il vit ses murailles démolies, en 1627, pour avoir suivi le parti du duc de Rohan que battirent, à deux lieues de la ville, Montmorency et Ventadour. Les habitants de Revel font un commerce considérable des produits de leur fertile vallée, et possèdent un certain nombre d'établissements industriels. C'est sur leur territoire qu'est le château de *Las Cases*, où est né le comte de Las Cases, auteur du *Mémorial de Sainte-Hélène* et de l'*Atlas historique et géographique*, publié sous le nom de *Lesage*.

Bassin Saint-Féréol. — On peut de Revel faire une excursion dans la montagne Noire, comme aussi s'y procurer des chevaux pour aller de là à Sorèze et puis au bassin Saint-Féréol. La route, côtoyant la rigole de la plaine, longe à peu de distance la base septentrionale de la montagne Noire au-dessous de ce bassin. Après 3 kilomètres, on traverse le Sor, qui descend de la montagne, et dont les eaux sont conduites par une rigole jusqu'à Naurouze où est le biez de partage des eaux du canal du Midi, qui, de ce point culminant, va d'un côté vers Beziers, de l'autre vers Toulouse. On gravit ensuite le versant septentrional de la montagne Noire, planté de vignes et sillonné de ravins que l'on franchit sur des ponts élevés. Pendant cette montée, on découvre, à gauche, de beaux points de vue, et bientôt on arrive à un carrefour, où, laissant à gauche la route de Carcassonne que l'on a suivie depuis Revel, on prend à droite une route bordée de pins qui longe et domine à gauche le *bassin Saint-Féréol*, le principal réservoir du canal du Midi, « le plus grand et le plus magnifique ouvrage, dit Bélidor, qui ait été exécuté par les modernes. »

La superficie de ce bassin est de 67 hectares ; quand il est plein, il excède la capacité du canal entier. En se plaçant sur la digue du barrage de ce bassin, qui est un véritable lac triangulaire, dont les deux grands côtés à droite et à gauche sont les collines ou montagnes, et le troisième, ou sa base, est cette même digue qui ferme la gorge existant entre elles, on a, devant soi, la belle nappe d'eau du bassin ; à droite, on a des montagnes couvertes de bois épais ; à gauche, une ligne de collines basses occupées, soit par des champs cultivés, soit par des taillis de jeunes pins ; derrière soi, la vallée pittoresque du Laudot, où se trouve un charmant jardin anglais et la maison du garde, située près de celle de l'administration. C'est là qu'on peut se procurer et des rafraîchissements et des guides pour visiter les galeries souterraines, et qu'on peut même passer la nuit, lorsqu'on a obtenu une lettre de recommandation, ou permission de l'ingénieur en chef, dont il faut avoir le soin de se munir avant de partir de Toulouse.

La digue ou barrage du bassin a 70 mètres d'épaisseur, 32 mètres 148 millimètres d'élévation, et près de 800 mètres de longueur. Elle se compose de trois murs parallèles fondés et appuyés de toutes parts sur le roc et entre lesquels sont des terrassements de terre et de cailloux. Le plus fort mur est celui du milieu : on l'appelle le *grand mur*, parce que ses dimensions sont plus grandes que celles des deux autres.

Contre le premier mur et dans le bassin, s'élève une espèce de pyramide dont les assises forment par leur retraite une échelle qui s'élève à 21 mètres au-dessus du fond du réservoir, échelle qui se trouve continuée sur la face du grand mur au moyen de repaires saillants, dont le plus élevé qui arrive au parapet marque 32 mètres. Lorsque la surface des eaux se trouve à la hauteur au-dessus du fond de 31 mètres 35 centimètres, le bassin est considéré comme plein, et on laisse les eaux qui y arrivent en sus s'échapper vers le côté droit du vallon de Laudot, point sur lequel elles forment une magnifique cascade à travers les arbres et les rochers. Jusqu'à une profondeur d'environ 11 mètres, le bassin, quand il est plein, se vide par des vannes; dans les temps de sécheresse, ces épanchoirs n'en versant plus, ce sont les robinets placés plus bas et à 29 mètres de profondeur qui écoulent l'eau du réservoir, et quant aux deux derniers mètres, elle s'écoule complètement par une issue appelée voûte de vidange ou palc de bonde.

Voici comment sont établis ces robinets que l'on ne doit pas négliger de visiter : dans l'épaisseur de la digue sont pratiquées deux voûtes qui, à 14 mètres de distance l'une de l'autre, se prolongent jusque sous le sol du réservoir. Arrivé à 75 mètres depuis l'entrée, on descend 35 marches : là on voit adaptés verticalement à la voûte trois tubes de bronze du calibre des plus forts canons, et par lesquels, quand leurs robinets s'ouvrent, l'eau du réservoir tombe dans un aquéduc pratiqué le long de la seconde voûte, en sorte que lorsqu'on pénètre jusqu'à ces robinets, on a 32 mètres d'eau sur la tête. Ce n'est qu'à la lueur d'une torche en goudron qu'on peut s'avancer jusque là. Nulle autre lumière ne tient à la commotion de l'air qu'excite l'explosion des eaux. A l'ouverture des tuyaux, le plus effroyable tonnerre se fait entendre sous la voûte et deux fois, coup sur coup, ce mugissement redouble. Le voyageur croit voir le fond du réservoir et les montagnes des environs s'écrouler sur sa tête : ce sont des torrents qui s'élancent par l'ouverture de ces robinets. Aucun mouvement dans la nature n'est comparable à la violence de la colonne d'eau qui en flots d'écume s'échappe de ces tubes pour tomber dans l'aquéduc. L'œil ne peut la suivre; sans étourdissement, on ne peut la regarder; on sent en frémissant les rochers auxquels la digue est attachée trembler à cent pas de distance.

La manœuvre des robinets se fait par des crics horizontaux, au moyen desquels on ouvre ou ferme à volonté, sans secousse et au point que l'on veut. Ils fournissent chacun 58,000 mètres cubes d'eau par 24 heures.

La seconde voûte dite de *vidange* s'ouvre à la droite de

celle des robinets et dans un plan inférieur de 4 à 5 mètres. La rigole occupe le milieu de son sol, de chaque coté est un sentier ou petit trottoir. A une certaine distance de l'entrée, elle fait un détour sur la gauche, puis elle s'infléchit dans sa première direction, et on ne tarde pas à en atteindre l'extrémité. Là on voit l'ouverture par laquelle tombent de 3 mètres les eaux sorties des robinets et que la rigole de fuite conduit dans le lit du Laudot, petite rivière qui reçoit aussi les eaux du Sor et celles de la montagne Noire, au moyen de la rigole dont il a été déjà fait mention.

Partie sud du département.

Muret, *Murellum, Muretus*. — Chef-lieu d'arrondissement, était autrefois le siége d'une châtellenie, d'une justice royale et d'une maîtrise particulière, et faisait partie du bas Comminge. C'est une jolie petite ville, de 4,196 habitants, agréablement située, à 20 kilomètres sud-sud-est de Toulouse, dans une vallée, au confluent de la Louche et de la Garonne.

Bataille de 1213. — Muret a toute sa célébrité dans la bataille livrée sous ses murs en 1213, qui décida du sort des Albigeois. — En 1212, Raymond VI à demi-écrasé par l'armée de Monfort, était allé trouver son beau-frère Pierre II, roi d'Aragon, et lui avait confié « ses terres, son fils et sa femme. » Les Aragonais et les Languedociens n'avaient en quelque sorte qu'une nationalité, et se sentaient bien plus portés les uns vers les autres que vers les hommes du nord. Pierre, d'ailleurs plein de générosité, embrassa la cause de ses voisins, en dépit des instances du pape, et passant les Pyrénées avec un millier de lances catalanes et aragonaises, vint assiéger Muret. A cette nouvelle, Raymond, qui venait de rentrer à Toulouse, fit crier à son de trompe que tout homme eut à s'armer et à rejoindre le roi d'Aragon devant Muret : « tant de gens s'assemblèrent, dit le chroniqueur, que personne n'aurait pu compter ni estimer tout ce qui était là réuni, et l'on marcha droit à Muret, où Provençaux, Gascons et Aragonais se festoyèrent grandement les uns les autres » (septembre 1213). Simon de Montfort quitta aussitôt Saverdun, et marcha sur Muret avec environ mille hommes d'armes, tout ce qu'il put rassembler, mais en revanche avec sept évêques et bon nombre de moines, de prêtres et de missionnaires.

Quelques-uns trouvaient son entreprise téméraire : un clerc lui en fit l'observation. Pour toute réponse, Montfort tira de son aumônière une lettre qu'il avait surprise, et qui était adressée par Pierre à une noble dame du pays de Toulouse. Pierre, entre autres propos galants, l'assurait que c'était uniquement pour l'amour d'elle qu'il venait chasser les Français du pays. « Eh bien, dit le clerc après avoir lu, que voulez-vous dire par là ? — Ce que je veux dire, s'écria Montfort, c'est que je ne dois guère craindre un roi qui marche contre Dieu pour l'amour d'une courtisane. » Les Provençaux voulant finir le jeu d'un seul coup, « laissèrent les croisés entrer dans Muret. Les champions du crucifié, comme dit Puylaurens, avaient choisi pour livrer bataille le jour de l'exaltation de la Sainte-Croix. » La nuit qui précéda fut employée par eux à prier, se confesser et communier. Il faut convenir que le camp des Méridionaux présenta un spectacle bien différent. Même légèreté dans la délibération des chefs sur le meilleur plan de bataille ; Raymond, qui avait éprouvé la valeur de la cavalerie des croisés à Castelnaudary, conseillait de planter des palissades, d'attendre l'ennemi, et de le cribler de traits, après quoi, on en aurait facilement raison. Les seigneurs aragonais se récrièrent et traitèrent ce conseil de *renardise*. Ils se précipitèrent sur les croisés qui venaient de sortir de la ville, les y rejetèrent, mais à leur tour furent repoussés. Cette escarmouche fut le préliminaire de la grande bataille. Simon fit seller les chevaux et assembla ses hommes à la porte du Salat. Comme il montait lui-même à cheval en vue des ennemis, car il occupait une éminence, l'animal lui donna un coup de tête qui faillit le renverser. Les Provençaux accueillirent ce petit accident par des huées. « Vous vous riez de moi, leur cria Montfort, mais j'espère, avec l'aide de Dieu, vous donner aujourd'hui la chasse jusqu'aux portes de Toulouse. » Cependant l'évêque Foulques, la mitre en tête, faisait adorer le bois de la vraie croix à tous les croisés. Tous les chevaliers et hommes d'armes descendirent de cheval pour l'adorer.

Alors l'évêque de Comminges, autre personnage à deux faces, prêtre et guerrier en même temps, prit avec impatience le morceau de bois des mains de son collègue, et monté sur une éminence, il donna à tous la bénédiction : « Allez au nom de Jésus-Christ, leur dit-il, et je vous promets de sa part que ceux qui mourront en ce glorieux combat iront droit au ciel, pour jouir de la gloire des martyrs, même sans passer par le purgatoire, moyennant qu'ils se soient confessés et contrits, ou du moins qu'ils aient contrition avec un ferme propos de se confesser s'ils échappent de la mêlée. »

A en croire le moine Pierre de Vaux-Cernay, Simon, ayant laissé dans Muret son infanterie, ne fit sortir que huit cents hommes tous à cheval, et les ennemis, toujours selon le même historien de la croisade, qui veut trouver un miracle dans cette bataille, en comptaient plus de cent mille. Mais il avait dans son armée le terrible Guillaume de Barres, le plus vaillant chevalier du XIIIe siècle, et aussi le frère bâtard de Raymond, Baudouin de Toulouse, que des raisons d'intérêt avaient fait passer à l'ennemi.

Montfort, voyant les siens ainsi préparés et absous, rangea son armée en bataille devant Muret : il la divisa en trois corps, « en l'honneur de la sainte Trinité. » Il prit le commandement de la réserve ou de l'arrière-garde, et ordonna d'avancer, tandis que les prêtres, et parmi eux saint Dominique, rentraient dans la ville et dans l'église où « ils se mirent à crier vers le Seigneur et à pousser au ciel de si grands mugissements, qu'ils semblaient plutôt hurler que prier. » Le roi d'Aragon qui, on l'a vu, n'avait pas voulu écouter le sage conseil de Raymond, fit donc sortir sa cavalerie des retranchements, laissant l'infanterie à la garde du camp et marcha immédiatement contre l'ennemi. Le brave Bernard Roger, fils du comte de Foix, commandait la tête de la colonne où était la cavalerie catalane. Pierre voulut commander le corps de bataille, tandis que sa place eut été plutôt à l'arrière-garde. Mais dans cette circonstance comme dans toutes celles de la bataille, son courage l'emporta sur la prudence. Il commit aussi la faute de se couvrir d'armes communes, ayant cédé les siennes à un simple chevalier, afin de n'être pas reconnu. Ce parti, qui avait son bon côté, lui réussit mal, on le verra, et fut la cause que les siens, ignorant ce déguisement, ne purent s'attacher à couvrir et défendre sa personne comme ils l'auraient fait s'il eût porté ses armes ordinaires. Le vieux Raymond commandait l'arrière-garde.

En général habile, Montfort, alors que l'attaque allait commencer, rentra dans Muret par la porte du côté de Toulouse, en sortit par la porte orientale; feignant de prendre la fuite, il déconcerta ainsi le roi. Mais ayant fait un long détour, il revint le prendre en flanc. Le roi d'Aragon, qui ne s'attendait pas à ce brusque retour, fut pris à l'improviste et attaqué avec la plus grande impétuosité. L'avant-garde de Montfort, commandée par *Verle d'Encontre* et par *Bouchard de Marly*, les deux plus vaillants capitaines des croisés, pénétrèrent jusqu'au centre des Catalans. Il y avait dans la colonne de Verle d'Encontre deux chevaliers, *Alain de Roussy* et *Florent de Ville*, qui avaient reçu ordre de Montfort de chercher à découvrir le roi d'Aragon, de s'attacher à ses pas jusqu'à ce qu'il fût mort. Ils couraient donc et atteignaient le chevalier affublé de l'arme royale, et celui-ci se défendait mollement. « Ce n'est pas le roi, s'écria Alain de Roussy, ce n'est pas le roi, car il est meilleur chevalier. » Ce propos flatteur, que Pierre qui n'était pas éloigné entendit, piqua son amour-propre. « Non, vraiment, leur cria-t-il en les joignant, ce n'est pas lui, mais le voilà devant vous; » et en disant ces mots, il se redresse sur ses étriers, fait mordre la poussière à l'un des chevaliers de la suite de Roussy, et après cet exploit, il se rejeta dans la mêlée et y fit des prodiges de valeur. Mais Florent et Roussy ne le perdirent pas de vue, ils le suivirent avec les leurs, et l'ayant joint, ils l'attaquèrent si vivement, que, malgré sa défense héroïque et celle de quelques seigneurs qui, étant au fait de son déguisement, l'entouraient, il finit par succomber et tomba percé de mille coups.

Cette nouvelle terrible vola par toute l'armée dans ce cri : « Le roi Peyre est mort! » Les Aragonais découragés, Montfort en profita pour les charger avec sa réserve; cependant, et quoique mis en désordre, ils disputèrent encore longtemps la victoire aux croisés; Montfort courut plus d'une

fois risque de la vie. Alors que la cavalerie en était ainsi
aux mains, l'infanterie, ayant quitté le camp, donnait un
assaut à la ville de Muret; mais elle fut repoussée par celle
des croisés qui remplissait la place. Foulques ayant envoyé
un héraut d'armes à l'infanterie toulousaine pour l'engager
à abandonner le comte et à mettre bas les armes, les Toulousains refusèrent de l'entendre, persuadés qu'ils étaient
que le roi d'Aragon était victorieux dans le combat que se
livrait la cavalerie. Ils firent donc encore bonne contenance;
mais dès qu'ils eurent appris sa mort et qu'ils virent la cavalerie se débander, ils coururent en désordre vers la rivière
où ils avaient rassemblés un très-grand nombre de bateaux.
Montfort qui avait ordonné à la cavalerie de ne pas pour-
suivre les Aragonais, s'en servit alors contre cette infanterie,
se sauvant à la débandade; celle renfermée dans Muret en
sortit pour se mettre aussi à la poursuite des fuyards, dont
on fit un grand carnage avant qu'ils eussent pu gagner les
bateaux. Une partie fut noyée, une autre se sauva vers Toulouse dans toutes les directions; ceux qui purent s'embar-
quer y arrivèrent aussi, et y portèrent la nouvelle de ce
désastre.

L'armée toulousaine perdit près de vingt mille hommes
dans cette journée, où sa cavalerie seule combattit; la fuite
ne fut qu'une déroute sans combat et par suite une boucherie. Les comtes de Foix, de Comminges et le comte de
Toulouse regagnèrent cette ville; les croisés s'emparèrent
de leur camp, et y firent un butin immense en provisions,
attelages, bêtes de somme, etc.

On raconte qu'un soldat étant venu dire à Montfort que
l'on avait trouvé le roi d'Aragon parmi les morts, il se fit
conduire auprès du cadavre, « et, descendant de cheval, il
pleura sur lui comme un autre David sur Saül; et ayant
quitté le cuissard et les bottines, il s'en retourna nu-pieds à
la ville rendre grâces à Dieu, pour l'amour duquel il donna
son cheval et ses armes aux pauvres. » Cette victoire, cé-
lébrée par le vainqueur avec un tel excès d'humilité, jeta le
deuil dans le cœur de tous les Provençaux, car elle leur annonça leur prochain asservissement. « Moult fut grand le
dommage et le deuil, s'écrie un troubadour, quand le roi

d'Aragon resta mort et sanglant avec moult d'autres barons ;
le monde entier en valut moins, et toute la chrétienté en fut
abaissée et honnie. »

On sait que sous la première république les royalistes du
Midi, ceux de Toulouse principalement, de concert avec
ceux de la Vendée, firent de Muret un foyer d'insurrection.
Essayant de profiter de la faiblesse du directoire, ils excitèrent et armèrent des paysans, et répandirent leurs ban-
des sur toute la ligne de Toulouse à Saint-Martory. Leur
chef était un certain Daguin ; leur centre d'opération était
Muret, qu'ils appelaient pompeusement *la capitale des états
du roi*. Battus par le général Aubujois, ils s'y replièrent et y
armèrent jusqu'aux femmes. Après avoir essuyé un échec à
Verdun, faute de vivres et de munitions, les patriotes revin-
rent sur Muret. Les femmes de cette ville n'imitèrent pas
les exemples de courage que leur sexe a quelquefois donnés,
et que l'histoire a recueillis. Aux premiers coups de canon,
elles se sauvèrent presque toutes, et la ville fut emportée
d'assaut. Toute la vengeance des vainqueurs fut de délivrer
400 républicains qui s'y trouvaient prisonniers.

Muret est la patrie du compositeur Dalayrac.

Rieux. — Chef-lieu de canton, à 28 kilomètres sud de
Muret, était autrefois un petit évêché datant de 1317. L'ancienne église épiscopale existe encore ; mais on y cherche
en vain les belles statues qui décoraient son portail, les en-
roulements gracieux qui en formaient l'ornementation ; le
clocher qui subsiste encore est d'une hardiesse remarquable.

Martres. — Petite ville qui n'a pas 2,000 habitants, canton de Cazères, à 41 kilomètres sud-ouest de Muret, sur
la route de Saint-Gaudens. Selon M. Du Mège, c'est l'ancienne *Callagoris*. On y voit quelques restes de constructions romaines. Dans ses environs est la fontaine de Saint-
Vidian, à laquelle se rattache une légende, dont voici la
substance : L'émir d'*Huesca* assiégeait *Angonia*, tel était le
nom que portait alors Martres ; Charlemagne chargea Vidian,
l'un de ses plus braves compagnons, de le chasser de
l'Aquitaine. Celui-ci accourt, repousse, en effet, les Sarrasins et les poursuit. Son cheval l'emporte, et il reçoit de

cruelles blessures; mais l'ennemi est défait et le preux revient vers Angonia. A une médiocre distance de la ville, une fontaine épanche dans le fleuve son eau fraîche et pure; Vidian s'arrête sur ses bords et lave les plaies profondes qu'il a reçues dans le combat. Sa redoutable épée est appendue à un arbre ainsi que son casque. A ce moment une nombreuse troupe d'Arabes, réfugiés dans l'épaisse forêt couvrant la plaine, sort de cette retraite et fond sur lui à l'improviste; privé de ses armes, Vidian ne peut d'abord se défendre, mais bientôt il arrache un cimeterre à l'un des Sarrasins qui l'environnent, et il jonche la terre des cadavres du plus grand nombre d'entre eux; le reste épouvanté prend la fuite; mais le héros a reçu de nouvelles et plus dangereuses blessures, son sang ruisselle sur le sol qu'il a défendu avec tant de valeur, et il expire. On montre dans les rochers voisins la place où il se reposa; la pierre s'est, dit-on, amollie sous son corps et en a moulé les formes athlétiques; telle est la légende de saint Vidian, et pendant longtemps on célébra dans le pays, par des jeux guerriers, le héros de Martres.

Cette petite ville possède une manufacture de faïence façon anglaise.

SAINT-MARTORY. — Chef-lieu de canton, à 20 kilomètres nord-est de Saint-Gaudens, dans une position à la fois agréable et favorable à son commerce en grains, en bestiaux et en grosse draperie. Cette petite ville, de 1200 habitants, se trouve, en effet, située sur la Garonne et sur la grande route de Toulouse à Saint-Gaudens et en Espagne. Un beau pont de trois arches joint les deux rives. Dans le voisinage s'élèvent les pittoresques ruines d'une grosse tour carrée et d'une abbaye. De hautes falaises, qui se dressent sur la rive gauche, portent aussi des débris du château du moyen-âge, admirables à voir au coucher du soleil.

Le plus remarquable des châteaux, situé sur la rive gauche de la Garonne, est celui de Montpézat, au pied duquel se dessine la grande route qui, de Toulouse, conduit vers la partie centrale des Pyrénées. On y voit encore la haute tour du donjon dominant un groupe de constructions qui formaient jadis l'habitation des possesseurs de cette forteresse. Une vaste enceinte de murs crénelés entoure, en suivant la pente de quelques escarpements, toute sa surface occupée par les bâtiments du château. Au bord de la route existe encore une tour carrée qui défendait cet étroit passage : c'était la *tour de la garde*, existant entre le fleuve et ce chemin. Voici ce que dit Froissard du château de Montpézat : « Et passâmes à Mont-pezat, un très-beau chastel et très-fort pour le comte d'Ermignac, séant haut sur une roche, et au-dessous est le chemin et la ville. Au-dehors de la ville, le trait d'une arbalète à un pas que on dit à la garde, est une tour sur le chemin entre la roche et la rivière, et dessous cette tour sur le passage a une porte de fer à coulisse, et pourraient six personnes garder ce passage contre tout le monde, car ils ne peuvent que deux chevaucher de front, par les roches et la rivière. »

MONTESPAN. — Village de 1100 habitants, à 11 kilomètres avant d'arriver à Saint-Gaudens et à une petite distance, à gauche, de la route, a conservé quelques ruines de l'ancien château des sires de Montespan, dont le nom rappelle celui de la favorite de Louis XIV. La terre de Montespan fut érigée en marquisat, en 1612 et en 1615, en faveur d'Antoine Arnaud, maréchal de camp. Le mari de la trop fameuse marquise descendait de ce dernier. Il avait eu d'elle plusieurs enfants, et lorsque son déshonneur fut public, Montespan revint dans son château au pied des Pyrénées, et annonça à ses enfants que leur mère était morte ; il prit le deuil, et fit peindre au dehors de toutes les églises de ses domaines le litre funèbre (bande noire), qui indiquait que la noble châtelaine n'était plus!...

SAINT-GAUDENS, *Castrum sancti Gaudentii.* — L'un des chefs-lieux d'arrondissement de la Haute-Garonne, situé à 91 kilomètres sud-est de Toulouse, et peuplé de 5,459 habitants, possède tribunaux de première instance et de commerce, société d'agriculture, important collége communal et direction des douanes.

Cette ville, la clef des Pyrénées, avait anciennement le nom de *Mas Saint-Pierre*. Elle était la capitale de la vicomté du Nébouzan, qui dépendait du comté de Comminges. La popu-

lation de ces pays était un mélange de Celtes et d'Ibériens.
Le nom de Nébouzan paraît venir de celui d'une peuplade
de ce pays mentionnée par Pline sous le nom d'Onobriates
ou Onobuzates Le Nébouzan fut séparé du Comminges vers
la fin du XIIᵉ siècle. Le plus célèbre des comtes de Comminges, Bernard V, épousa successivement trois femmes sans
être veuf; c'était assez l'usage des seigneurs du Midi qui
aimaient le changement, de suppléer au veuvage par le di-
vorce. Il en fut de même de Pétronille, sa fille: elle eut cinq
maris. Mais tous ces mariages, géminés dans cette famille,
n'y donnaient aucun héritier mâle. La petite-fille de celle-ci,
en épousant Roger-Bernard, comte de Foix, lui porta en
dot le Nébouzan et Saint-Gaudens, qui furent enfin annexés
ainsi après bien des pérégrinations au comté de Foix (1257).

Ces pays de montagnes étaient des pays de liberté. La
plupart des villes, si petites fussent-elles, se montraient fort
jalouses de l'antiquité de leurs droits. Les chartes de Saint-
Gaudens, Aspet, Samatau, portent toujours en tête : « Liber-
tés, franchises, priviléges, dont les habitants jouissent de
temps immémorial, dont il n'est preuve du contraire. » Chaque fois qu'il changea de maître, Saint-Gaudens eut la
sage précaution de se faire confirmer ses franchises munici-
pales. En 1334, il présenta au comte de Foix sa charte écrite
en patois ; ce comte se rendit avec les députés de la ville
devant les délégués du sénéchal de Toulouse et prêta serment de la garder et faire garder, après quoi les députés prêtèrent le serment de foi et hommage. On voit dans
cette charte que Saint-Gaudens avait des consuls annuels,
élus au second degré le jour de la saint Jean-Baptiste.
Les électeurs choisis eux-mêmes dans l'assemblée populaire
étaient au nombre de 24. Plusieurs professions inférieures
étaient cependant exclues : celle de boucher, celle de cor-
royeur, celle d'ivrogne, «les ivrognes ordinaires,» est-il dit.
Les consuls, intermédiaires entre les seigneurs et le peuple,
non-seulement étaient chargés de la police intérieure, mais
exerçaient une juridiction assez étendue, et partageaient
avec le chapitre la surveillance de l'église et des couvents.
Ils portaient « une robe longue et un chaperon, le tout demi-
partie rouge et noire, servant de livrée, pour intimider et

donner frayeur aux méchants, et contenir les bons dans le devoir, le tout de drap de France paré et garni de satin noir. »

Des institutions libres stimulent l'activité et donnent le bien-être. Aussi Saint-Gaudens jouit-il d'une grande prospérité dès le xiiie siècle. Entrepôt de toutes les marchandises qui venaient de l'Espagne par la vallée d'Aran, il avait en outre des fabriques de draps et des tanneries. Mais cette ville, si fière et si indépendante vis-à-vis de ses seigneurs, n'opposait pas quoique cela de résistance contre les attaques du dehors; ainsi, elle se rendit sans difficulté à Simon de Montfort et plus tard aux Anglais. Elle était cependant assez fortifiée pour l'époque et entretenait des troupes contre les brigandages des routiers qui désolaient le pays pendant les querelles fréquentes des comtes de Foix et de Comminges. En 1569, elle fut prise par Montgommery, qui s'y introduisit avec 4,000 calvinistes, la pilla, la livra aux flammes et détruisit ses précieuses archives. Henri IV en fit recueillir les débris en 1602 par messire Sanson, juge réformateur des domaines royaux.

«La révolution, dit Armand Marrast, cet éminent et regrettable publiciste, dont nous citerons ici quelques lignes pittoresques et éloquentes, extraites de la notice sur Saint-Gaudens, sa patrie, la révolution passa dans Saint-Gaudens comme une vieille connaissance à laquelle la bourgeoisie fit bonne hospitalité, seulement Saint-Gaudens prit la peine de s'appeler plus tard *haute-ville*, et encore plus tard on releva les cloisons, on recrépit les murs fendus de vétusté, on refit même une sorte de porte cochère, pour que le lieu connu sous le nom de l'évêché pût s'élever à la hauteur d'un hôtel de la sous-préfecture. Saint-Gaudens n'en a pas moins conservé les traces de ses antiques annales : des promenades larges et bien tracées le long de ses boulevards, un nouveau palais de justice, une halle moderne, des fossés qui se comblent, et la ville semblant sourire de ce côté à des constructions élégantes, telle est à peu près la part que la civilisation a conquise. Celle de l'histoire est toujours la plus large ; elle garde sa vieille église, son vieux cloître de l'hôpital, son hôtel-de-ville brisé, mâché, tombant, durant tou-

jours, sa vieille halle avec son toit en forme de parapluie, et
toutes ses maisons qui n'ont pas d'âge, pas de style, pas de
nom d'architecte, maisons qu'on aurait dites bâties par des
bohémiens pour un jour de halte, et dont la boue noircie, dur-
cie par les siècles comme un ciment romain, semble jeter
à tant de générations de passants, le sourire d'une éternelle
vieillesse. Tout cet aspect est pourtant sombre, et c'est un
contraste désagréable, pour le voyageur fatigué ou insou-
ciant, que celui d'une ville aussi ancienne au milieu d'un
paysage aussi florissant. Mais il n'en est pas ainsi pour ceux
dont le nid pend à quelques fentes de ces masures, leur antiquité les leur rend plus chères.... »

La ville de Saint-Gaudens porta pendant la révolution le nom
de Mont-d'Unité. Elle est fort agréablement située, sur une
colline, près de la rive gauche de la Garonne ; elle se compose principalement d'une rue spacieuse, propre et bordée
de plusieurs maisons bien bâties, parmi lesquelles nous
distinguerons celles de l'hôtel de Prame. Son église est
remarquable ; elle paraît une des plus anciennes de la contrée. Une porte latérale, bâtie sans doute vers la fin du XIVᵉ
siècle ou au commencement du XVᵉ siècle, est ouverte sur le
côté gauche de l'édifice ; le style de ses ornements ne manque pas d'élégance ; mais on doit lui préférer une autre porte
à plein-cintre, ouverte dans l'axe de l'édifice, et qui est de
l'époque même de la construction de l'église ; elle est très-
étroite et cependant plus monumentale que l'autre. On a rat-
taché à cette porte des souvenirs antérieurs de près de sept
siècles à sa construction. C'est là, en effet, que l'on montre
les fers du cheval du farouche Abd-el-Rahman. Selon la légende populaire, il poursuivait l'enfant martyr S. *Gaudentius*, qui, ramassant la tête que le Sarrasin venait de lui
trancher et s'enfuyant à toutes jambes, put entrer dans l'é-
glise, en fermer la porte ; et le fer du cheval de celui qui le
poursuivait, heurtant le bois, y demeura enfoncé. C'est donc
encore une tête de plus ramassée par celui auquel on vient
de la couper, avec cette seule différence qu'ici le héros de
la légende est un tout jeune enfant, tandis que dans les autres cas assez nombreux, c'est ordinairement un évêque martyr. Un autre récit plus conforme à la disposition des fers

sur cette porte, les y fait planter et adhérer par les ruades qu'Abd-el-Rahman faisait lancer par son cheval pour l'enfoncer, et piller les trésors renfermés dans l'église depuis longtemps consacrée au jeune martyr S. *Gaudentius*. Sur le bord de la Garonne règne une esplanade d'où l'on jouit de charmants points de vue sur la vallée. Le col du *Port-du-Roi*, qui aboutit au val d'Aran par le portillon, sert de communication avec l'Espagne. Saint-Gaudens est aussi la patrie du légiste Troplong.

C'est dans les environs de Saint-Gaudens que s'élevait la somptueuse abbaye de Bonnefont, le Saint-Denis des comtes de Comminges. Près de l'église où étaient leurs tombeaux s'étendait un cloître magnifique. Quatre cents colonnes de marbre blanc en décoraient les galeries. Leurs chapiteaux formés de palmes de feuilles d'eau, de plantes grimpantes, offraient dans leur ensemble un aspect aussi varié qu'admirable. La salle capitulaire était très-grande et les retombées de sa voûte venaient s'appuyer sur une colonne octogone placée au centre de cette salle. Aujourd'hui église, cloître, salle capitulaire, tout a disparu, et partout on trouve dans l'arrondissement de Saint-Gaudens des colonnes arrachées au cloître de Bonnefont et des pierres qui ont fait partie de ce vaste édifice.

MONTRÉJEAU, *Mons Regalis*. — Chef-lieu de canton, à 14 kil. ouest de Saint-Gaudens, est au confluent de la Garonne et de la Neste; il a 3,466 habitants. Sa situation est des plus délicieuses; bâtie au débouché des montagnes, cette petite ville occupe un de ces beaux plateaux qui existent le long et au pied de la chaîne des Pyrénées. De cette situation les regards se promènent sur les riants paysages, le riche territoire que les deux rivières arrosent avant leur réunion. C'est un magnifique amphithéâtre, parsemé d'habitations particulières. — La ville a sur la grande route une fort belle rue et sur la Garonne un quartier bien construit, dont les deux parties communiquent par un pont en marbre de six arches, d'une élégance remarquable. — Entrepôt du flottage considérable qui se fait sur la Garonne et la Neste, elle commerce en grains, bestiaux, mulets, pelleterie, etc. : on y fabrique des tricots de laine, et il y a de belles tanneries.

Près de cette ville sont les *grottes de Gargas*, ainsi appe-
lées du nom d'un seigneur féodal qui les avait transformées
en prison où il faisait mourir ses ennemis. Des crimes plus
affreux encore ont donné au siècle dernier une nouvelle célébrité à ces grottes. Un maçon, Blaise Ferrage, homme de
petite taille, mais de force herculéenne, s'était choisi, à la
manière des bêtes fauves, un repaire dans ces grottes. Il en-
levait les femmes et les filles des environs, et souvent tuait à
coups de fusil celles qui fuyaient. La mort même ne les met-
tait pas à l'abri de sa brutalité et de sa fureur. Ce monstre
les coupaient ensuite par morceaux et les dévorait. Il mar-
chait toujours armé d'une ceinture de pistolets, d'un fusil à
deux coups et d'un poignard. Déjà plus de trente malheu-
reuses femmes avaient été victimes de ce cannibale, lorsqu'on parvint à l'arrêter. Il fut condamné à mort par le parlement de Toulouse, et exécuté le 13 décembre 1782. —
Montréjeau est la patrie du général Pelleport.

SAINT-BERTRAND DE COMMINGES, *Lugdunum Convenarum*. —
N'est plus aujourd'hui qu'un pauvre chef-lieu de canton,
peuplé de 865 habitants, et situé près de la rive gauche de la
Garonne, à 21 kil. sud-ouest de Saint-Gaudens. C'était pourtant autrefois la capitale des *Convenæ* dont parle Strabon ;
trois routes romaines partant d'*Aquæ Taberlicæ* (Tarbes),
d'*Ausci* (Auch) et de *Tolosa* (Toulouse) y aboutissaient. On y
a retrouvé les ruines d'une citadelle, d'un amphithéâtre et
d'un grand nombre de monuments dont les Romains s'étaient
plu à l'embellir. Elle fut prise et saccagée par Leudégésile,
lieutenant de Gontran, qui, en 585, y poursuivait le prétendant Gondoval. Celui-ci, malgré la foi jurée, fut même
lapidé au sortir de la ville. Erigée de bonne heure en ville
épiscopale, elle dut son nom moderne à l'un de ses évêques
qui, au xiie siècle, la reconstruisit presque en entier. Elle
est bien bâtie, dans une contrée fertile, près de l'Aune et
non loin de la rive gauche de la Garonne ; ses rues sont
larges et régulières. Elle a conservé son ancienne cathédrale,
monument remarquable par son antiquité, sa régularité et
sa vaste enceinte ; les artistes admirent surtout les stalles
sculptées et les boiseries des orgues.

Les superbes boiseries du chœur nous représentent en en-

trant un arbre généalogique : nous y voyons les prophètes
au-dessus des stalles à droite ; et à gauche, faisant pendant
aux prophètes, les sybilles de la fable, sorcières célèbres,
chacune avec l'attribut qui les caractérise. C'est un mariage
fort singulier, mais qui a sa raison d'être dans la similitude
des fonctions des uns et des autres. — Derrière l'autel sont
une multitude de jolies figurines reproduisant les principaux
actes de la vie du Christ ; — à l'extérieur du chœur, quelques
belles têtes d'un fini admirable. — Toutes ces sculptures,
ainsi que les vitraux, datent du temps de François Ier.

Mais n'oublions pas la carcasse du fameux crocodile appendue au mur dès l'entrée dans cette église, monstre qui
désolait le pays, dévorant femmes et enfants, et que la légende fait trouver dans ces montagnes (où le Nil n'arrive
pas cependant) pour le faire tuer par l'évêque saint Bertrand,
d'un simple et léger coup de baguette.

A Saint-Bertrand, on ne doit pas oublier de visiter le cabinet particulier d'histoire naturelle de *M. Case,* si riche en objets
précieux d'antiquité, comme aussi le *Musée Pyrénéen,* se composant d'objets d'histoire naturelle et de géologie, ainsi que
d'une collection de tableaux et d'antiquités. — Ce beau musée, présentant l'ensemble de toutes les productions animales,
végétales et minérales de nos montagnes, est l'œuvre de
M. Néré Boubée.

Saint-Bertrand possède une belle scierie hydraulique de
marbre. — C'est la patrie du savant médecin Fr. Bayle.

VALCABRÈRE, *Vallis Caprariæ.* — N'est qu'un petit village,
à 2 kil. de Saint-Bertrand et comptant à peine 307 habitants ;
mais il renferme une église remarquable, celle de Saint-Just.
Son portail monumental est décoré de 4 statues en marbre
blanc ; quelques inscriptions romaines et des fragments de
bas-reliefs, qui ont pu faire partie des ornements d'un arc de
triomphe, paraissent çà et là dans les murs. L'église se compose de trois nefs, terminées par trois chapelles demi-circu-
laires. Au fond de la grande nef, et en arrière de l'autel, s'élève
un tombeau en marbre blanc, que recouvrent en s'élançant
assez haut des arcs ogives. — Autour du sanctuaire sont des
colonnes en marbre, ne tenant point à la construction, et évi-
demment placées là comme souvenir d'un ancien édifice

construit sur le même sol où l'église de Saint-Just a été bâtie dans la suite.

« Ce point, dit l'antiquaire Du Mège, est à peu près le centre de l'ancienne ville basse de *Lugdunum Convenarum*; et c'est aussi de ce point qu'en calculant les distances, d'après celles qui existent dans l'itinéraire romain, on parcourt 26 milles pour parvenir à *Callagoris*, aujourd'hui Chiragan. »

Valcabrère était, dit-on, anciennement le chef-lieu des Quatre-Vallées, petit état composé des vallées d'Aure, Magnoac, Nestes et Barousse, qui ont eu des comtes particuliers, et qui, après l'extinction de la branche aînée de la maison d'Armagnac, ont été réunies à la couronne; leurs priviléges qui constituaient ce pays en une sorte de république, ont à diverses époques été confirmés par les rois de France.

SAINT-BÉAT. — Chef-lieu de canton, à 37 kil. sud-est de Saint-Gaudens, 1143 habitants, est la clef de la vallée d'Aran. Cette vallée fertile et peuplée appartient politiquement à l'Espagne, mais naturellement et par ses relations à la France. En effet, située sur le versant septentrional des Pyrénées et privée durant plusieurs mois de l'année de toute communication avec l'Espagne, c'est nécessairement vers la France qu'elle écoule ses produits, et de la France aussi qu'elle reçoit ceux qui lui manquent. La Garonne qui la traverse, après y avoir pris sa source, en sort par un défilé étroit entre deux hautes falaises qui lui laissent à peine à leur base un lit étroit et tortueux. C'est en cet endroit que s'élève cette petite ville. — Le fleuve la traverse et les deux quais qui la bordent sont ses seules rues. Un beau pont de pierre les réunit. L'Hôtel-de-Ville est sur la gauche. Sur la droite s'élève une tour carrée en ruines. Les débris d'un autre château de moyen-âge se voient aussi sur une éminence de rochers au-dessous du pont. Les seigneurs qui les occupaient devaient être par le fait maîtres de la vie et de la mort des habitants de la vallée d'Aran. Presque toutes les constructions de Saint-Béat sont en marbre provenant des carrières environnantes; sa foire du 19 novembre, qui dure 8 jours, y attire beaucoup de monde.

La Garonne, avant d'arriver à Saint-Béat, a parcouru déjà près de 50 kil. depuis ses sources qui sont au sud-est de *Viella* en Espagne, et s'est grossie de bien d'autres cours d'eau sortant des flancs des Pyrénées et de bien des torrents provenant de la fonte des neiges; elle pénètre en France au point appelé Pont-du-Roi, limite des deux territoires, à 10 kil. sud de Saint-Béat; elle arrose et fertilise avant d'arriver à Saint-Gaudens les vallées de Saint-Béat, de Cierp, de Valentine, l'une des plus belles du Midi de la France.

Il ne resterait plus pour compléter ce précis descriptif que quelques localités du département, telles que Bagnères et autres; mais comme sur ces points il existe des eaux minérales, elles vont faire l'objet d'une notice spéciale dans laquelle seront compris, pour l'utilité du lecteur, les principaux bains des Pyrénées, quoique non situés dans la Haute-Garonne.

EAUX MINÉRALES
Des départements pyrénéens.

L'échelle des distances à partir de Toulouse sera celle que nous suivrons dans cette notice sur les établissements thermaux de nos contrées méridionales. Cette ville en effet peut être regardée comme le point de réunion où viennent aboutir toutes les routes qui conduisent aux eaux pyrénéennes. Nous commencerons donc autant que possible par ceux qui en sont les plus rapprochés.

MONTÉGUT-SÉGLA. — A 4 kil. de Muret, à deux pas de la route de Saint-Gaudens, on aperçoit au milieu d'une végétation luxuriante Montégut-Ségla, château dont le nom rappelle celui d'une dame célèbre de la haute société toulousaine, vers le milieu du siècle dernier (1). C'est dans le parc de cette propriété charmante, auquel les eaux brillantes et rapides de la Garonne servent de limites, que l'on découvrit, il y a une dizaine d'années, sous l'ombre la plus épaisse de la futaie, une source dont les eaux passent pour être *purgatives*, *apéritives*, *calmantes*, *diurétiques* et *fébrifuges*.

_____

(1) Jeanne de Ségla, épouse de M. Fr. de Montégut, trésorier de France, morte en 1752, avait obtenu 3 prix aux Jeux-Floraux; aussi fut-elle nommée Maîtresse ès-Jeux. — Ses œuvres existent en 2 vol. in-8°. Paris, 1768.

Montégut-Ségla, du reste, par sa position heureuse sur un plan incliné vers la Garonne, mérite la visite du touriste.

ENCAUSSE. — Est située dans le canton d'Aspet, à 10 kil. presque et au sud de Saint-Gaudens. Une route départementale y conduit. « Après avoir passé sur un pont de bois la Garonne à *Miramont*, où l'on aperçoit sur les rives du fleuve de nombreuses fabriques de *rases* et de cadis, on arrive en quelques minutes au pied de la montagne qui sépare le bassin de la Garonne de la vallée d'*Encausse*. On monte, nous dit M. Fons, auteur du *Voyage à Bagnères*, une longue côte, tout en suivant la route pratiquée sur le flanc de cette montagne. Avant de descendre la côte du versant opposé, arrêtez-vous un instant à vos pieds, sur ce vallon où une nature fraîche, élégante, étale toutes les merveilles de sa riche parure, où le *Ger* semble se complaire à promener ses méandres tranquilles. Un peu au-delà, admirez cet amphithéâtre de montagnes dont les cimes élevées jettent un air vivifiant; votre œil se détachera avec peine de ce tableau.

» Maintenant, continuez votre route : on descend en cinq ou six minutes la côte de *Rieucasé*, et l'on atteint bientôt, en longeant le plateau du village de ce nom, les quelques maisons du hameau de *Lespiteau*. Là la route se bifurque : l'une directe mène à Aspet; l'autre à droite conduit à *Encausse*, distant seulement de *Lespiteau* de 2,374 mètres. Les maisons sont groupées à l'entrée d'une gorge où vient se terminer la vallée de *Cabanac*, ramification de la vallée de *Thou*. Le village est traversé par le *Job*, ruisseau qui prend ses sources dans la montagne de *Kagire*.

» Les eaux d'*Encausse* ont de tout temps été fréquentées par les habitants des contrées voisines, et elles le sont maintenant par un nombre d'étrangers qui quelquefois s'élève à plus de 600. — Elles consistent en 3 sources abondantes : la première sourd, froide, au milieu d'un pré, et à 650 m. environ au nord du village; elle est abandonnée, seulement quelques personnes vont y puiser l'eau qu'elles prennent en boisson dans les repas, parce qu'elle est diurétique et laxative. — Les deux autres sources, situées à l'entrée du village, ont chacune un bassin assez vaste; elles sont enfermées dans un grand bâtiment restauré en 1842, sous la direction de M. Abadie. — Les eaux de ces deux sources, qui ont constamment 19 degrés 1/2 de température therm. *Réaumur,* coulent claires et limpides; elles n'exhalent aucune odeur sensible, et leur saveur n'est point désagréable. — Les hommes de l'art reconnaissent que ces eaux ont, sur un grand nombre de maladies, une efficacité incontestable. On les prend intérieurement et sous forme de bains ou de douches; elles produisent d'excellents effets dans les rhumatismes, dans les affections de la peau. Prises en boissons, elles rafraîchissent et calment les tempéraments les plus irritables; elles sont diurétiques et laxatives. L'eau de la grande source a bien souvent dissipé des fièvres tierces et des fièvres quartes rebelles, et la douche forte a rendu quelquefois la vie et le mouvement à des membres frappés de paralysie. On sait que Chapelle et Bachaumont firent le voyage d'*Encausse* pour rétablir leur santé délabrée.»

Les eaux d'Encausse ont eu de la célébrité dans des temps très-reculés. — Les lieux pittoresques où les thermes sont placés, la pureté de l'air qu'on y respire, viennent ajouter à leurs propriétés médicinales. — Peu de baigneurs se retirent sans s'être donné le plaisir d'admirer du haut du *Plech* ces lieux où, depuis bien des siècles, les naïades d'Encausse ont établi leur demeure. — Sur le point culminant de cette montagne à laquelle est adossé le village, gisent les débris d'un ancien monument dont quelques pans de murailles encore debout témoignent de la puissance des anciens maîtres du pays.

Lorsque le baigneur ne sera plus si attaché à l'urne de sa naïade et n'aura plus de ses maux que le souvenir, il trouvera à Encausse de quoi satisfaire ses goûts pour les promenades lointaines. La montagne de *Castel-Lestéle* lui offrira à son sommet des ruines qu'on dit être romaines et une perspective des plus étendues; sur son flanc, à 280 mètres de sa cime, la vaste grotte de Lespugue; c'est une excursion de près de trois heures. — Il pourra un autre jour se rendre dans la vallée de *Thou,* au pied du *Kagire,* montagne la plus haute du canton d'Aspet et à 9 kil. environ d'Encausse. — A l'aller et au retour, qu'on peut faire par différentes voies, il trouvera sur ses pas cinq à six villages; et il aura ainsi bien varié sa promenade en ne rentrant pas par le même chemin à *Encausse*.

SIRADAN et SAINTE-MARIE. — Ces deux établissements bien voisins l'un de l'autre, un bon kilomètre fait toute leur séparation, se trouvent à égale distance de Saint-Gaudens et de Luchon, et très-près de la route qui va de l'une de ces deux villes à l'autre. Ils appartiennent néanmoins au département des Hautes-Pyrénées; leur territoire est sur la limite de ce département d'avec celui de la Haute-Garonne, tellement que là se trouve une maison dont la moitié appartient au terroir Sainte-Marie (Hautes-Pyrénées), et l'autre est dans la commune de Bagiry (Haute-Garonne). En sorte qu'un individu soumis à la contrainte par corps pourrait dans cette maison déjouer les poursuites de l'huissier qu'il aurait à ses trousses, en passant d'une chambre dans l'autre.

Les bains à *Siradan* sont dans un élégant édifice construit en 1848, et placé au centre du village, au bord d'un petit lac naturel, très-profond, qui, à des époques irrégulières, se trouble et se bouleverse singulièrement : ses eaux toutes minérales deviennent tantôt sanguinolentes, tantôt blanchâtres, comme du lait de chaux. Personne encore n'a pu expliquer d'une manière satisfaisante les causes de ce phénomène. — Dès longtemps éprouvées, les eaux de *Siradan* et de *Sainte-Marie* sont reconnues comme puissantes particulièrement contre les fièvres, les pâles couleurs et le sang hémorroïdal. Elles furent analysées, en 1848, par le docteur Filhol, professeur de chimie et de pharmacie à l'Ecole de médecine de Toulouse. — Une fontaine ferrugineuse des plus abondantes, découverte en 1803, par M. Save, chimiste distingué, se trouve placée à côté de l'établissement de *Siradan*. On sait combien ces fontaines sont précieuses dans un grand nombre de cas. Tous les ans, plus de 800 malades se rendent à Siradan et à Sainte-Marie, pour y boire les eaux ou pour prendre des bains; et ceux qui vont à *Luchon*, passer quelques jours de repos et de plaisir, viennent ordinairement avant de rentrer chez eux visiter Siradan et sa position qu'on peut qualifier de pittoresque.

Quand on se porte sur les hauteurs dominant le village, on y jouit de l'aspect d'un des plus gracieux paysages que les pays à montagnes puissent offrir. L'œil saisit, dans tout son ensemble, le magnifique bassin de *Saléchan*, si fertile, si varié. On a devant soi le *Pic-du-Gar* aux sept pointes, géant dominateur, qui voit fièrement toutes les sources de la Garonne et son cours, à 160 kilomètres de distance. Au pied de cette montagne et sur la gauche des tours ruinées, vues entre les arbres, indiquent *Fronsac*, ancienne résidence des comtes de *Comminges;* un peu plus loin est la montagne à marbre statuaire, au bas de laquelle est *Saint-Béat*, dont on ne se trouve éloigné que d'une heure; à la droite et en franchissant une petite gorge, on arrive en quelques minutes dans la *Barousse*, but ordinaire des promenades des baigneurs de Siradan et de ceux de *Luchon* aussi. En 30 minutes, on va de *Siradan* à *Troubat*, village au milieu duquel est une carrière de marbre estimée. En dessus de *Troubat* est une fort belle grotte. Cette grotte n'est pas la seule que l'on visite dans la *Barousse;* il y en a une de fort jolie, quoique moins vaste, à Ourde, village aérien, à 25 minutes au-dessus de *Mauléon;* elles renferment l'une et l'autre de belles stalactites. — De *Troubat*, 20 minutes suffisent pour arriver au hameau de *Brameraque*, et au pied du monticule qui porte l'ancien château de ce nom; il fut, comme on sait, pendant quelque temps, la demeure de Marguerite, première femme de Henri IV, après avoir été le cachot où Marguerite de Comminges fut, de 1420 à 1443, retenue prisonnière vingt-trois ans, par Mathieu de Foix, son avide et monstrueux mari.

Ces pays pittoresques sont, comme nous l'avons dit, dans le département des Hautes-Pyrénées; on va à Saint-Béat à l'est, par la grande route qui conduit à Luchon, en la suivant jusqu'au pont de *Chaum,* sur lequel on traverse la Garonne pour prendre à la gauche la route départementale; il n'y a que 5 kilomètres à parcourir sur chacune de ces routes pour arriver à Saint-Béat et dans la vallée, qui, près de cette ville, est tellement resserrée, que les montagnes élevées y laissent à peine la place à quelques maisons. — De Saint-Béat on va à Fos, à travers une vallée large et fertile, par un parcours de 7 kilomètres. De Fos, dernier village de France, où est le poste de la douane et quantité de scieries de planches, on arrive en 50 minutes au *Pont-du-Roi*, mitoyen entre la France et l'Espagne, et là commence la vallée d'Aran (1).

Cette excursion, que nous ne faisons qu'indiquer pour l'amateur désireux de parcourir les contrées pyrénéennes, nous ont détourné de la route de *Luchon*. Pour suivre cette route, on laisse le pont de *Chaum* sur sa gauche, et on continue jusqu'à *Cierp*, qui est encore un autre point par lequel on peut aller à Saint-Béat. C'est après *Cierp* que commence la vallée de Luchon, s'étendant du nord au sud en forme d'arc ou d'espèce de ꓛ très-ovale, dans une longueur d'environ 24 kilomètres jusqu'au pied de l'hospice, son point extrême au sud. Elle est arrosée, dans tout son parcours, par la rivière la *Pique*, qui, après avoir passé tout près à l'est de *Luchon*, se jette dans la Garonne au-dessus du pont de *Chaum*. La largeur de cette vallée varie considérablement dans toute son étendue; étranglée d'abord à son origine, elle s'élargit insensiblement, puis elle se resserre pour s'élargir de nouveau, dessinant ainsi une série de bassins plus ou moins grands, qui forment comme autant d'anneaux naturels, dont se compose son parcours arqué de 24 kilomètres. Ces bassins sont superposés l'un sur l'autre en forme d'assises ou échelons; on passe de l'un à l'autre par des étranglements de rochers jusqu'à Bagnères, où le bassin le plus élevé de ceux parcourus s'arrondit autour de la ville.

BAGNÈRES-DE-LUCHON, *Aquæ Balneariæ Lixonienses*. — Jolie petite ville de 2,770 habitants, chef-lieu de canton, située à 48 kilomètres sud de Saint-Gaudens, à l'extrémité ouest de la vallée de Luchon, vers les confins du ci-devant diocèse de Comminges.

Au temps des Romains, les propriétés salutaires des eaux minérales et thermales de Luchon étaient connues et utilisées. Ces eaux, tout le fait supposer, ne sont autres que les bains célèbres situés dans le Comminges, et mentionnés

(1) Cette vallée appartenait à la France très-anciennement et jusqu'en 1192; elle y fut réunie de nouveau par Napoléon Ier, en 1812; mais, en 1814, elle rentra sous la loi espagnole.

par Strabon sous le nom de *Thermes onésiens ;* le surnom de Luchon viendrait de *Lixon,* divinité à laquelle ces sources étaient consacrées. L'importance de Bagnères disparut avec la domination romaine pour ne renaître que de nos jours, il y a environ quarante ans. On en trouve cependant quelques mentions dans les époques intermédiaires. Ainsi, en 1711, nous savons qu'elle fut ravagée par les Miquelets, ces montagnards venus de l'autre versant des Pyrénées. En 1723, ils la livrèrent aux flammes avec tant de fureur, qu'ils en calcinèrent les murs, pour employer les expressions d'un écrivain de ce temps. Elle se releva plus tard, tandis que le duc de Richelieu fut gouverneur de la Guyenne; et, grâce aux soins de l'intendant d'Etigny, elle reçut des embellissements qui préparèrent sa fortune actuelle.

Malgré la reprise de sa réputation, Bagnères ne possédait encore, en 1849, qu'une quarantaine de cabinets de bains. Ce nombre étant jugé insuffisant, la commune de Luchon, aidée par le département, s'imposa de grands sacrifices pour reconstruire ses thermes sur un plan grandiose. On doit à M. Chambert, architecte, et à M. François, ingénieur des mines, l'établissement nouveau et le sage aménagement des eaux, qui permet de tirer un parti bien plus complet des richesses thermales de la localité. La position de Bagnères-de-Luchon est admirable; c'est une vallée qu'arrose la *Pique;* elle s'étend sur une longueur d'une lieue et une largeur d'un quart de lieue, et elle n'est que d'une élévation médiocre, quoique contiguë aux plus hautes montagnes des Pyrénées. Les environs offrent aux promeneurs une foule de sites charmants. Le lecteur en aura bientôt une sommaire description.

Etablissement thermal. — Un mot d'abord sur les eaux de Luchon. Vers 1754, l'intendant d'Etigny, en résidence à Auch, informé de la bonté des eaux de Luchon par un des seigneurs de la contrée qui venait d'y trouver sa guérison, visita les montagnes luchonnaises. Surpris de voir un pays si beau dans le délaissement, cet administrateur de la province, plein de vues élevées, appela auprès de lui les deux savants les plus connus à cette époque : *Bayen,* le chimiste, et *Richard,* le pharmacien en chef de l'armée française, qui tous deux firent des eaux de Luchon une añalyse des plus remarquables. M. d'Etigny fit aussitôt tracer et exécuter la route de *Montréjeau* à *Luchon*, et celle du port de *Peyresourde* entre *Luchon* et *Bigorre*, puis il ouvrit la belle allée des bains, maintenant le *Cours d'Etigny*. Dès ce moment, les personnages de la cour de Louis XV accoururent à *Luchon*, dont l'avenir fut aussi dès-lors bien assuré. On fit des fouilles, qui amenèrent des découvertes précieuses, même sous le rapport de l'art antique : 1º des piscines d'un travail gracieux, un grand bassin revêtu intérieurement de marbre blanc, des statues, des baignoires grandes et petites, des conduits ou tuyaux en briques; 2º beaucoup d'autels votifs de diverses formes et de différentes grandeurs, qui prouvent que, du temps des Romains, l'on accourait à Luchon de toute part, et que les nymphes qui présidaient à ses sources recevaient l'encens et les hommages d'un grand nombre d'adorateurs et de tout ce que Rome avait de plus illustre. C'est ce que constatent les deux inscriptions suivantes :

NYMPHIS	LIXONI
T. CLAVDIVS	DEO
RVFVS	FABIA FESTA
V. S. L. M. (1)	V. S. L. M.

La seconde fait en outre connaître le dieu de la contrée : *Bagnères* était consacrée au dieu *Lixon*, d'où probablement le nom de *Luchon*.

On ne connut d'abord à Luchon, après la restauration de ses thermes, que huit sources. Les grands travaux de recherches exécutés de 1839 à 1841, par M. *François*, ingénieur des mines, amenèrent d'abord la découverte de quatre autres sources; ceux de 1848-1849, qui ne furent que la continuation des précédents si habilement faits, mirent à découvert neuf autres sources sulfureuses, dont la collection complète la série déjà si remarquable des douze anciennes sources connues; et l'on ne peut qu'espérer encore d'autres découvertes.

_____

(1) Les quatre lettres V. S. L. M. signifient : *Votum solvit liberatus morbo*. Délivré du mal ou de la maladie, a acquitté son vœu.

Avant l'exécution de ces travaux, les eaux des sources présentaient deux problèmes difficiles à résoudre : celui de leur origine et celui de leur séparation. Afin de parvenir à la solution de ces deux problèmes géologiques et hydrauliques, M. *François* fit percer la montagne dans la direction des sources. C'est ainsi qu'il établit quatre galeries souterraines, aboutissant à quatre ouvertures extérieures (1). Chaque galerie conduit à des sources particulières ; viennent ensuite des galeries transversales aux premières et communiquant entre elles. Tels sont les travaux qui ont servi à constater que l'eau des sources vient du bas de la montagne, et que ces sources sont parfaitement distinctes entre elles. — Pour arriver au second résultat, qui était d'empêcher toute communication intérieure des eaux froides de la montagne avec les eaux thermales, tout en conservant à ces dernières leur température propre, l'ingénieur a exécuté d'autres travaux. — A l'extrémité de chaque galerie, au fond de la montagne, on voit sourdre de bas en haut sur le sol l'eau thermale de chaque source. Les eaux froides ont été isolées des sources chaudes par une série de barrages souterrains au sol des galeries ; et comme l'action de ces barrages eût été insuffisante à laisser à une multitude de naissances chaudes perdues en dehors des galeries, leur direction vers les points d'émergence des sources sulfureuses, on a complété cette action en relevant le niveau de ces eaux froides et immergeant tout l'espace compris au dehors des barrages, au sein même de la roche. La pression, ainsi exercée, a refoulé les naissances chaudes vers les points d'émergence. — Les eaux sulfureuses se rendent aux réservoirs par des conduits en porcelaine, ayant en tête des caisses de dépôt, où sont retenus les sables et paillettes de mica entraînés par les griffons.

Les galeries souterraines, creusées dans la montagne, présentent un développement de près de 900 mètres courants ; les sources supérieures s'y trouvent disposées dans l'ordre suivant, en allant du nord au sud : *Richard tempérée, Richard supérieure, Azémar, Reine, Bayen, Grotte supérieure, Blanche, Enceinte, Ferras ancienne, Ferras nouvelle, Lacha-*

(1) D'autres galeries ont été postérieurement ouvertes.

pelle, *Bosquet*, *Sengez*, *Bordeu*, *Pré*. Les galeries ont dans presque toute leur étendue une hauteur suffisante pour qu'on puisse s'y promener debout. Elles ont été appropriées dans une étendue d'environ 210 mètres, pour salles d'inhalation et étuves sèches.

Le *bâtiment thermal*, édifice monumental très-remarquable, où tous les besoins sanitaires ont été prévus, peut être considéré comme un établissement modèle du genre. C'est un vaste parallélogramme, dont la façade a 185 mètres de développement et la profondeur 86 mètres hors-œuvre. Sur toute la longueur règne un portique supporté par 28 colonnes en marbre, et dont la largeur intérieure est de 8 mètres; l'édifice est divisé dans le sens de sa longueur en 6 grands corps de batisse parallèles, savoir : 3 à droite de l'entrée établie au milieu, et 3 à gauche. La division est opérée dans l'axe de cette grande entrée de l'édifice par une vaste salle de pas perdus, de 15 mètres de largeur ; et dans le sens longitudinal, par deux larges galeries régnant d'un bout à l'autre de l'édifice.

Le premier corps à droite, en entrant dans la salle des pas perdus, renferme : 1o bureau des fermiers; 2o salle de repos pour les employés; 3o bains *Richard* ; 4o piscine des indigents et vestiaire; 5o grande salle de natation. — Le premier corps, à gauche, comprend : 1o bureau de l'administration; 2o salle de repos pour les employés; 3o bains de la *Reine*, de la *Grotte inférieure*, de la *Blanche* et d'*Azémar*, 4o piscine des dames et vestiaire; 5o bains *Ferras*, d'*Etigny*; du *Pré*, de *Bordeu* et du *Bosquet*. — Le deuxième corps, à droite, renferme : 1o chauffoir des linges; 2o bains *Richard* ; 3o autre salle des mêmes bains. — Le deuxième corps, à gauche, renferme : 1o deux autres salles de bains *Richard* ; 2o et entre elles, celles de la piscine pour les hommes et vestiaire. — Dans le troisième corps, à droite, sont : le générateur à vapeur, des douches, des vestibules et vestiaires, et au bout une salle de bains pour dame. — Dans le troisième corps de gauche sont des bains variés de vapeur, massages, cabinets de repos, des vestibules et vestiaires, des douches grandes, d'autres dites écossaises et d'autres ascendantes.

Entre ces deux derniers grands corps de l'édifice thermal, et dans l'axe de l'entrée ou des salles d'attente, est le grand escalier conduisant aux buvettes.

Derrière l'édifice sont les réservoirs des eaux thermales. Vient ensuite le système des galeries, s'échelonnant sous la montagne, et dans lesquelles on a ménagé des étuves souterraines, des vestiaires et des galeries faisant salle, et d'autres salles, enfin, avec lits de repos pour les étuves.

Les *sources minérales de Luchon* se divisent en : 1o *eaux sulfureuses;* 2o *eaux salines* (sulfureuses dégénérées); 3o *eaux ferrugineuses.* — Les premières sont au nombre de 38, dont 22 découvertes par M. *François* depuis 1848; elles constituent la série la plus belle et la plus complète qui soit connue; la richesse de certaines sources est telle, qu'aucune autre localité des Pyrénées ne peut être comparée, sous ce rapport, à Bagnères-de-Luchon. Le débit de l'ensemble des sources s'élève à environ 416,000 litres, en vingt-quatre heures à l'étiage, et à 472,000 litres lors des grandes infiltrations. Ces eaux sont limpides, incolores; elles exhalent une odeur prononcée d'œufs couvis. Leur température est depuis 30 jusqu'à 67 degrés centigrade; la froide a 17 degrés. Quant à leur action thérapeutique, elle est des plus variées et des plus multiples, et nous ne pouvons que renvoyer le lecteur aux ouvrages spéciaux qu'ont donné, tant de leur analyse que de leurs effets, les hommes de la science compétents sur ce sujet, tels que M. Filhol, savant chimiste et professeur à Toulouse. Il ne sera donc rien dit ici de la propriété des eaux ni de l'usage qu'on doit en faire; les malades ont des médecins très-expérimentés à Bagnères, et ils ne peuvent ni ne doivent suivre un traitement qu'après avoir fait leur visite au médecin *inspecteur*, qui leur indique les sources qui leur conviennent, s'ils ne le savent déjà, et leur délivre la carte d'entrée.

Des *bains émollients* sont fournis à Luchon dans un établissement qui est près de l'église. Les malades, quelquefois surexcités par l'usage continu des bains sulfureux, se trouvent très-bien de prendre de temps à autre ces bains émollients, qui produisent des effets sédatifs très-marqués; leur

action calmante est souvent invoquée après les courses longues et fatigantes dans les montagnes.

A Bagnères-de-Luchon, la vie animale est saine, délicate
et peu dispendieuse. On y remarque entre autres hôtels,
celui du *Parc*, entouré de délicieux jardins, et celui *Bonne-
maison*, à l'extrémité sud de l'allée d'Etigny ; ce dernier est
très-rapproché du grand établissement thermal ; celui du
Parc et celui du *Commerce* sont près de la ville, ainsi que
ceux *Vidal* et *Salles* ; l'hôtel *Sacarron* est à l'allée *Barcugnas*.
Plusieurs autres hôtels ou restaurants tiennent des tables
d'hôtes, et portent les repas chez les personnes qui préfèrent
manger chez elles. Les mets les plus fréquents de ces tables
sont des truites excellentes, des écrevisses et de l'isard,
espèce de chamois propre aux Pyrénées, que les chasseurs
vont traquer sur les montagnes les plus élevées du voisinage.
On trouve aussi à se loger dans des maisons de particuliers
et même à y prendre pension. On a à Luchon les mêmes
variétés dans les éléments dont se composent les sociétés
aux autres eaux de France en grande renommée. Le premier soin que doit avoir un étranger en arrivant, est de connaître les abonnés du Vauxhall et autres établissements de
ce genre. C'est ainsi qu'il se met de suite à même de connaître les personnes qui désirent associer les plaisirs aux re-
mèdes, et qui recherchent la société ; il peut alors choisir la
coterie qui convient à ses habitudes et à ses goûts. Les liaisons se faisant très-rapidement aux eaux, il est aussitôt ac-
cueilli comme faisant nombre d'abord, et puis selon sa dose
d'amabilité, ou d'après le relief qu'il peut donner à la société. Les tâtonnements et la réserve des salons de ville y
font place à l'abandon et à la franchise ; on n'a là d'autre souci
que de s'ingénier à passer le temps le plus agréablement
possible ; ce qui est dit ici pour Luchon peut, du reste, s'ap-
pliquer, à quelques légères modifications près, à tous autres
établissements de bains fréquentés.

Les promenades ou courses sont au premier rang des
plaisirs ou agréments qu'on peut se donner à *Luchon* ; cette
vallée et toutes celles qui l'entourent offrent une foule de
sites charmants. Les moins éloignées se font à pied ; mais
si l'on veut faire des explorations vers les autres ou sur les

pics des environs, il faut alors se servir de petits chevaux très-renommés dans le pays pour leur adresse et leur agilité. Pour ces courses lointaines, on se réunit en caravanes; les guides à cheval ou à pied sont chargés de provisions de bouche. Comme on ne peut faire sans guide ces longues courses, nul besoin d'en donner ici un itinéraire bien circonstancié. Il suffit d'annoter ou signaler succinctement les curiosités à voir dans les diverses directions autour de Bagnères, ce qui va être fait en commençant par la vallée de Luchon, qui est celle du nord, et suivant ainsi vers l'est, de là vers le sud et de là retournant jusqu'à l'ouest, pour ainsi faire le grand pourtour de Bagnères. Les premières stations dans toutes ces courses, dont le point de départ est toujours Bagnères, seront naturellement faisables à pied, nul besoin de les nomenclaturer à part, le lecteur saura bien les distinguer et savoir que, quand sa promenade devra se borner à quelques kilomètres, ou à ces premières stations des courses dans le lointain, il n'a nul besoin d'enfourcher un coursier.

Vallée de Luchon. — Le voyageur en avançant vers Bagnères, et avant de la voir s'élever dans l'angle de deux montagnes à droite, a rencontré sur son passage les villages d'Antignac et de Moustajon. Il est entré à Bagnères par une superbe allée de platanes, l'allée *Barcugnas*. Si on traverse la ville, on arrive à une magnifique promenade plantée de quatre rangées de beaux tilleuls, et bordée de belles maisons, de beaux hôtels avec jardins : c'est le cours d'Etigny; il a plus d'un kilomètre de longueur. A l'ouest rayonne l'allée des Soupirs, plantée de sycomores, et se prolongeant dans la vallée de *Larboust*. A l'est est celle de la *Pique*, nouvellement plantée, qui commence à l'extrémité du cours d'Etigny, pour contourner le long de la rivière la *Pique* jusqu'à la route du village de Montauban. — C'est une délicieuse promenade.

Cascade Montauban. — Par une avenue en droite ligne, on arrive en 20 minutes de *Bagnères* à *Montauban*, qui n'est qu'un village de très-mince apparence, mais dont la situation est assez pittoresque. Il est en partie bâti en amphithéâtre et arrosé par *la Cascade Montauban*, venant de la hauteur.

Quand on est au haut du village, un grand portail à droite
donne entrée au jardin du curé; il faut ici mettre la main à
la poche, comme au spectacle, et sortir 50 centimes; c'est le
taux que chaque personne paye pour franchir la barrière
chez le curé et arriver par des pentes douces, ornées de
fleurs, ombragées de beaux arbres et au murmure de ruisseaux bruyants jusqu'au sommet ou calvaire, d'où le point
de vue est magnifique : c'est un panorama qu'on ne peut se
lasser d'admirer. — Près du jardin, on voit la cascade tombant dans une enceinte de rochers démolis par les eaux; la
force avec laquelle elle s'élance fait élever dans l'air un brouillard froid qui empêche de l'approcher de trop près, et vous
humecte même à distance; aussi ne faut-il pas, si surtout
on a chaud, trop séjourner en cet endroit.

La *Cascade de Juzet* est à demi-heure de là et au nord.
Par une belle route, on arrive au village : le cours d'eau qui
le traverse vous conduit à un petit moulin, on franchit le
ruisseau en sautant d'une pierre à l'autre, on arrive sous
une espèce de grotte à gauche. De là on contemple à son
aise la coupe sévère et gracieuse tout à la fois des rochers au
milieu desquels, et à 40 mètres de haut, la cascade tombe;
les sommets couronnés d'une forte végétation complètent le
tableau.

Si de *Juzet* on veut pousser jusqu'au mont *Bacaner*, la
course ne peut plus se faire à pied. On va d'abord à *Sode*, de
là à *Artigue*, village aérien, et puis à la montagne dont le sommet n'est pas à moins de 3 heures et demie de Juzet. Mais
aussi quel panorama que l'on a devant soi et de tous côtés
sur cet observatoire de la chaîne des Pyrénées ! Le *Bacaner*
et le *Mouné*, dont il sera question dans la vallée d'*Oueil*, la
dernière de nos excursions, sont, l'un et l'autre, spectateurs
des plus hauts sommets pyrénéens et de leur déclinaison
vers l'Océan et vers la Méditerranée.

La Casseyde est une délicieuse promenade pédestre du
matin ou d'après dîner; elle serait trop chaude au milieu du
jour. — Au bout de l'allée *Barcugnas*, on tourne à gauche,
le chemin du cimetière vous conduit au quartier *La Casseyde*;
en longeant la rivière, on arrive au pont de *Mousquères*, et

de là on rentre à *Bagnères*, par l'allée des Soupirs, sous la voûte des sorbiers et des sycomores.

Super-Bagnères, au pont de *Mousquères*, qu'on laisse à sa droite, on prend un sentier tournant et retournant sur lui-même : il conduit au petit hameau ou *granges de Gouron*, puis dans une forêt de sapins. Après 1 heure et demie de marche depuis le départ, on arrive aux pâturages de *Super-Bagnères* ; 25 minutes de plus par des pentes rapides, et l'on est au sommet, à 1792 mètres au-dessus du niveau de la mer. On découvre de là les Pyrénées, sur une grande étendue : la *Maladetta*, le *port de Venasque*, la *Tus de Maoupas*, le massif et le pic *de Crabioules*, le pic *Quaïrat*, les pics d'*Oo*, le *Mouné*, le *Bacaner*, l'œil plonge dans la vallée de Luchon qui se perd dans les gorges de *Cier* ; on voit portions de celle de *Larboust*, celle d'*Oueil*, celle de l'*Hospice*, l'entrée de celle du *Lys*, le vallon de *Burbe*, le val d'*Aran*. Enfin, l'on a sous les yeux la plaine vaporeuse de Toulouse.

Nul point de vue des environs si riche que celui-ci.

D'ordinaire on descend de là par la vallée du *Lys*, sans aller aux cascades, en passant par les granges de *Lespone*, l'excellente source de *Condesse*, la grange d'*Ousselet*, et en 2 heures on est à Bagnères.

Fontaine d'amour. — C'est une gracieuse et courte promenade, bien propre à aiguiser l'appétit. Par des chemins en zigzag bien ménagés et bien entretenus, on parcourt la montagne, au sein de laquelle sont les eaux de Luchon. La fraîcheur qu'on respire dans ses bosquets touffus, au milieu de la chaleur du jour, engage à y passer des heures entières. Sous un groupe de peupliers et de saules pleureurs est la petite source qui a nom *Fontaine d'amour*, et à travers les feuillages qui la couronnent, on découvre le charmant paysage de la vallée, où sont disséminés les villages de Saint-Mamet, Montauban, Sode, Juzet, etc.

Vallée de Burbe. — Le chemin de *Castelviel*, celui qui, à gauche, traverse la *Pique* sur un pont conduisant à *Saint-Mamet*, distant de 2 kilomètres *est* de Bagnères, et dernier village de France de ce côté. Sa population diffère beaucoup de celle des villages voisins ; son langage est plus vif, plus accentué, plus expressif ; un surplus de

politesse et d'urbanité la distingue également des autres
habitants des vallées de Luchon. — A *Saint-Mamet*, on
prend à droite la grande route, et après 1 kilomètre, on trouve
l'usine ou fonderie de plomb argentifère des mines des vallées
d'Aran, de Saint-Béat, de Luchon et autres. Prenant alors
la gauche, au bout de 2 kilomètres de montée, on arrive
sous la gracieuse cascade du *Pichi de Vergès*. C'est tout le
ruisseau du vallon de Burbe qui franchit d'un bond un
énorme rocher. — A petite distance à gauche de la cascade
est une modeste croix et cette inscription : *Le 5 aout 1844.
Ici est tombé de la montagne le malheureux Goût. — A sa
mémoire, passants, priez pour lui!...*

Surpris par le brouillard, en revenant seul de *Bossost*
(Espagne), le jeune Goût s'égara, et suivant le cours du ruisseau qu'il croyait être le chemin, il se dirigea ainsi vers le
sommet du rocher, d'où il tomba, là où une main amie a
planté la modeste croix.

Il faut de là près de 2 heures pour, après avoir dépassé les
prairies du *val de Burbe*, et après plusieurs circuits mon-
tueux, arriver au sommet du *port le Portillon*, sur la terre
d'Espagne. Trois quarts d'heure de plus, et l'on atteint la
chapelle *Saint-Antoine*, d'où la vue est délicieuse; on domine
la vallée d'*Aran*, on y voit la Garonne, coulant dans son lit
sinueux et fécondant les terres qui la bordent, on la suit des
yeux jusque vers l'une de ses sources à droite; l'autre, à la
gauche, est plus loin et au-delà de *Viella*. — Si l'on veut
pousser jusqu'à Bossost, dont on aperçoit les toits d'ardoise,
il faut encore 30 minutes, mais avant d'entrer, il s'agit de ne
pas oublier la douane espagnole; exécutez-vous et payez le
tribut pour chacun de vos chevaux. Si c'est un dimanche ne
manquez pas d'aller à l'église, entendre le carillon singulier
qui, au moment de l'élévation, se fait entendre au lieu de la
simple clochette de nos églises, au moyen d'une grande
roue garnie tout autour de sonnettes, à différents tons et que
met en jeu une manivelle. — Si de là on va jusqu'au Lèz
voir son bel établissement de bains, construit à neuf sur des
ruines romaines, on en a pour trois quarts d'heure; on y déjeune, et dans le trajet on visite le gouffre de *Clèdes*, où la
Garonne se précipite avec fureur, et semble se perdre au mi-

lieu des rochers. De là, on rentre en France par le *Pont-du-Roi*, qui en est à 6 kilomètres; la grande route vous conduit ensuite à Fox, de là à Saint-Béat et enfin à *Bagnères*. Si on ne veut pas faire ce long circuit de 30 kilomètres depuis le *Pont-du-Roi*, on peut à *Pontaout* se diriger à droite vers le mont *Bacaner*, et continuer à cheminer sans monter au sommet vers Bagnères, où l'on arrive ainsi presque dans le même temps qu'on aurait mis en reprenant le chemin par le *portillon*.

Vallée de l'Hospice. — A 40 minutes de Bagnères, par le chemin de *Venasque*, et après avoir passé la chapelle de *Bagnartigues*, puis le poste des douanes, vous êtes là au pied du petit mont, à gauche de la route, sur lequel est la tour de Castelvieil, qui, avant d'être château-fort des comtes de Comminges, devait faire partie de ce grand système de signaux établis sur des tours élevées au sommet des montagnes par les Romains, dit-on, et par les Maures, dans presque toutes les Pyrénées, où on en trouve, en effet, quelques autres. De cette tour, que l'on atteint en 4 minutes, on jouit d'une très-belle vue sur la vallée de Luchon. — Reprenant la route, et à 2 kilom. de la douane, est le pont *Lapade* sur la *Pique* qu'il faut passer, et 1 kilom. après, la route se bifurque. A gauche est le *pont* de Ravi, par lequel on repasse la *Pique*, si l'on va à la *vallée* du Lys; mais pour celle de l'*Hospice*, on n'a qu'à suivre sans passer ce pont jusqu'aux granges de *Labach-dessous*, qui sont 1 kilom. plus loin; là est un sentier, à droite, qui descend jusqu'à un petit pont de bois que l'on passe, pour prendre à sa gauche un autre sentier facile, qui, en trois quarts d'heure, vous mène jusque dans une grotte, s'ouvrant sous une roche abrupte et sauvage. Au fond de ces voûtes verdoyantes, entre des roches perpendiculaires et verdoyantes, glisse la jolie cascade dite des *Demoiselles*, toute cachée au milieu des sapins et des hêtres, que l'on dirait être une forêt vierge. Reprenant ensuite le sentier le long du torrent de la *Pique*, on arrive après 1 kilomètre et demi à la cascade des *Parisiens*, tombant par étages sur des roches garnies de sapins et de hêtres magnifiques. — Il faut de nouveau passer le torrent pour monter jusqu'à l'*Hospice*, une de ces anciennes retraites construites par les templiers, pour donner asile aux voyageurs surpris par la nuit ou par la tempête, à l'extrémité des *ports*. Il est élevé de 1352 mètres au-dessus du niveau de la mer. — De l'*Hospice*, on revient à *Bagnères*, en moins de 2 heures, en regagnant les granges de *Labach*, à travers des précipices dont souvent l'œil ne peut mesurer la profondeur; de *Labach* à *Bagnères*, vous connaissez le chemin.

PORT DE VENASQUE. — C'est à l'*Hospice* qu'il faut revenir pour faire la course du *Venasque*, qui en est éloigné de 6 kilomètres *sud*. Cette course est la plus importante de toutes; nulle autre n'impressionne autant : après les paysages riants, les prairies et les bois, qu'on dirait des jardins anglais et qu'on admire en allant à l'*Hospice*, viennent les torrents, les précipices, les neiges, les glaces, des rochers énormes et toutes les bizarreries de la nature. C'est du *Port de Venasque* que l'on peut contempler l'énorme masse de la *Maladetta*, le plus élevé des monts pyrénéens; son pic oriental est à 3,580 mètres et son pic d'*Anéthou* ou de Netho est à 3,482 mètres au-dessus du niveau de la mer.

En outre des 2 heures qu'il a fallu pour se rendre à l'Hospice, on a de plus, à partir de ce dernier lieu, 42 minutes pour arriver au *Culet*, où, après le passage de deux torrents, on monte en zigzag; là sont plusieurs cascades se précipitant d'une roche perpendiculaire, pour disparaître sous les neiges que son ombre abrite et conserve; les avalanches y descendent habituellement du plateau supérieur; — 52 minutes jusqu'aux rocs superposés, qu'on appelle l'*Homme*; 5 minutes de là au *Trou des Chaudronniers*, où, à une époque peu éloignée, périrent neuf malheureux de cette profession, engloutis ensemble sous la neige; 2 minutes de là aux *Quatre Lacs*, et 15 minutes ensuite de ceux-ci, on est au *Port de Venasque*. C'est une énorme fente de rochers, de laquelle apparaît la *Maladetta*, aux flancs neigeux et glacés, contre lesquels les rayons solaires sont impuissants. La *Maladetta* est le *Mont-Blanc* des Pyrénées, la montagne maudite et redoutée, fatale aux chasseurs et aux curieux. « Le plus récent de ses griefs, nous dit *M. Paris*, dans son guide à Bagnères, est la mort du guide *Barreau*, en 1824, le 11 août. Il conduisait deux élèves ingénieurs des mines. Partis à 5 heures du matin du *Plan des Etangs*, où ils avaient couché, ils atteignirent la Moraine du glacier à **8** heures. Arrivés à peu de distance de la crête, aux deux tiers de la hauteur totale, ils furent arrêtés par une énorme crevasse ; *Barreau* sonda, crut reconnaître la direction de la crevasse et s'élança ; mais la crevasse formait un coude brusque, et le malheureux disparut en gémissant sans qu'aucun secours fût possible !

Du *Port de Venasque*, jetez un regard au fond de la gorge que vous avez à vos pieds : c'est la vallée déserte de la *Maladetta*, le *Plan des Etangs.* — **1** heure et demie n'est pas de trop pour y descendre par des pentes rapides et à travers des roches grisâtres ; c'est le fond d'un entonnoir entouré de pics inaccessibles, c'est l'endroit le plus âpre, le plus sauvage des Pyrénées ; des avalanches de pins de la forêt de *Paderne*, gisant sur le sol pêle-mêle avec mille débris de roches, des blocs dénudés et entassés partout, en font un lieu de désolation — On déjeune à quelques pas plus loin, près d'une fontaine ; après quoi, et avant de rentrer à Bagnères, on peut se rendre au *Port de la Picade,* que l'on a, **1** heure plus loin, vers l'est, pour y jouir de la vue de tout cet amas de montagnes qu'on y voit dans toutes les directions, et que nous nous dispensons de nomenclaturer, engageant le voyageur, dans sa descente de là à l'*Hospice*, à être prudent et à faire à pied une bonne partie de chemin ; il n'a à sa gauche que des précipices, et pendant l'hiver les avalanches sont à redouter.

Vallée du Lys. — Son nom lui vient de la quantité de lys de montagne (*lys martagoa*), dont les prés y sont émaillés au printemps. Pour y arriver, il faut prendre la même route qu'aux précédentes courses ; et lorsqu'on en est à l'enfourchement qu'elle présente à 5 kilomètres de Bagnères, prendre la droite où l'on a bientôt le pont de *Ravi.* — Quelques pas plus loin est un autre pont, sous ce pont un gouffre et une cataracte des plus remarquables ; — avant d'entrer dans la vallée, autre cataracte, se brisant au milieu d'un gouffre d'une horrible beauté, c'est la *Cascade Richard.* — La vallée s'ouvre aussitôt ; de chaque côté les montagnes s'éloignent, la nature à chaque pas devient plus belle. Admirez ces monts glacés qui couronnent la vallée : de gauche à droite, la *Tus de Maoupas* (pic du mauvais pas), à **3,147** mètres du niveau de la mer; le pic et les glaciers de *Crabioules*, séjour des crabes et des isards, à 3,215 mètres ; le pic *Quaïrat* ou carré, à 3,205 mètres. — C'est à l'extrémité de la vallée, longue de 5 kilomètres environ, que l'on trouve les cascades les plus admirables : celles d'*Enfer*, celle de *Palassou* et celle de *Dietrich* ; de l'autre côté du torrent est la cascade du *Cœur* ; et puis en dessus, en gravissant la montagne, ce qui est très-pénible, on en trouve une infinité d'autres. Pour retourner à *Bagnères*, après ce long parcours vers le sud-ouest, c'est la même route qu'il faut suivre : on en a pour ses 2 heures et demie à cheval.

Vallée de Larboust. — Cette vallée à l'ouest de *Bagnères*, son chef-lieu de canton, est, à la différence des autres vallées, assez garnie de villages; il y en a onze, mais qui tous ensemble ne donnent qu'une population de 2,600 habitants, dépendants autrefois du *Comminge* ; elle avait ses vicomtes, et ses montagnards gardent encore le souvenir d'un de ces seigneurs dont le nom seul les glace d'effroi. Il s'appelait *Corbeyrand* D..., il avait dépassé la centaine en étant le fléau de la société, lorsqu'il fut obligé de s'expatrier, sous le coup d'un arrêt du parlement de Toulouse, qui ordonnait la confiscation de ses biens, le condamnait à mort et à des dommages-intérêts envers les habitants. On lui reprochait, entre autres méfaits, d'avoir forcé les habitants et manants de *Larboust* à lui changer les blés pourris depuis cinq ou six ans dans ses greniers, contre des blés nouveaux et marchands, et de plus, d'avoir fait fouetter, à la porte de l'église, le dimanche, les jeunes filles qui lui déplaisaient ou qui lui plaisaient sans succès.

Cette vallée de *Larboust* est une des plus belles et des plus faciles à parcourir de celles aboutissant au bassin de Luchon. La belle route qui y conduit est à l'extrémité de *l'allée des Soupirs.* Pendant un quart d'heure de marche, on y jouit de la vue des hautes futaies de sapins et des fraîches prairies de *Gouron*, précipice dans lequel l'One roule ses eaux mugissantes. — Après quoi le chemin tourne, la gorge se resserre, et, à quelques minutes d'intervalle, on passe successivement deux ponts. C'est en amont du second pont que la rivière d'Oo (le Gô), descendant des montagnes du sud, vient se joindre à l'One qui se dirige vers *Bagnères* de l'ouest à l'est, et arrose la *vallée d'Oueil*, confinant celle de *Larboust*. — *Saint-Aventin* est le premier village que l'on trouve sur ses pas, après une montée en zigzag de quelques minutes; il est à 7 kilomètres de Bagnères; son église romane est digne de tout l'intérêt des archéologues : quatre bas-reliefs, représentant les principales actions de la vie du saint, ornent le retable de l'autel ; l'amateur pourra tout à son aise admirer la chapelle, mais nous ne prendrons ni son temps ni le nôtre, pour retracer ici les choses ou aventures surprenantes et merveilleuses que la légende attribue au saint personnage. — De *Saint-Aventin*, on arrive en 15 minutes à *Castillon*, et de là en moins de 10 minutes à *Cazeaux*, dont l'église renferme des fresques antiques peintes à sa voûte et d'un grotesque vraiment charmant. Elles représentent les grands faits de l'Ecriture sainte, mais de telle façon que l'imagination d'un caricaturiste moderne ne pourrait arriver jusque-là. Et cependant il n'est pas croyable, fait observer M. Boubée, que l'auteur de ces peintures ait eu la moindre intention de parodier les pieux sujets qu'il avait à traiter. Combien il est regrettable, ajoute-t-il, qu'un des derniers desservants de cette église ait fait badigeonner une partie considérable de ces peintures qui, selon lui, attiraient de profanes regards ! — De *Cazeaux*, par le chemin dont la direction est à l'ouest, on arriverait à divers villages; mieux vaut prendre celui qui descend dans la direction presqu'au sud, au village d'*Oo*, où l'on arrive en trois quarts d'heure.

Le pays où se trouve ce village est couvert de blocs arrondis, entassés et tout-à-fait étrangers aux montagnes environnantes. Tout le monde observe ces roches blanches roulées et pénétrées en tout sens de longs cristaux carrés. Tout le *port d'Oo*, depuis le massif de *Crabioules* jusqu'à celui de *Clarabide*, est formé de cette roche qui n'existe nulle part ailleurs, ni dans les Pyrénées, ni dans les autres chaînes de montagnes jusqu'ici décrites par les géologues ; c'est donc incontestablement des montagnes d'*Oo*, dit M. Boubée, que proviennent ces blocs roulés ; mais quelle cause les a détachés de leur gîte et les a portés si loin ? Quelle puissance leur a fait franchir les montagnes et les vallées ? Celui qui vou-

6

dra approfondir ces questions si intéressantes, pourra lire ce qu'en dit, dans ses *Courses de Luchon*, le savant auteur que nous venons de citer.

On a dû remarquer avant d'arriver à *Oo* une vaste cour carrée en ruines : ce sont les tristes débris de l'ancienne résidence de ces vicomtes de Larboust, de l'un desquels nous connaissons la non moins triste célébrité. — Après le village, on passe à sa gauche la rivière de Gó, sur un petit pont; on n'a pas parcouru 4 kilomètres, que tout-à-coup la végétation cesse; une nature plus sévère s'offre là avec le silence du désert; auprès de la montagne très-escarpée d'Oo, on reconnaît sans peine l'emplacement d'un ancien lac comblé par les éboulements des roches latérales. Tout en la gravissant par un chemin de va-et-vient pratiqué sur son flanc, vous portez vos regards à droite, sur les pentes verdoyantes de la montagne opposée; vous y admirez une gracieuse cascade : on dirait une nymphe étalant coquettement sa chevelure; aussi la nomme-t-on la *Madeleine*. — Autres trois quarts d'heure de montée, et nous voilà au sommet de la montagne, d'où notre vue domine la vallée; en tournant le rocher à gauche pour opérer la descente, nous entendons le bruissement du *Gó*, qui gronde à droite dans un ravin profond, et long-temps avant de voir la cascade du lac de *Seculéjo*, on entend le fracas de ses eaux qui, brisées dans leur chute, rejettent au loin une pluie fine. Par un pont qui traverse le torrent où coule avec fureur l'eau qui s'échappe bouillonnante du lac, on arrive au sentier facile qui gravit le rocher et l'on se trouve en face du lac de *Seculéjo*.

Ici on croit être dans un autre monde. Un jour d'un clair obscur vous entoure; jamais cet endroit n'est entièrement éclairé par les rayons du soleil; quand un côté l'est, l'autre est dans l'obscurité; ce qui donne à une partie de l'eau du lac une teinte noirâtre, alors que l'autre est d'un vert assez clair. Les hauts rochers à pic qui se reverbèrent dans l'eau, les hautes montagnes couvertes de neige et de glaces qui le dominent, donnent à cet endroit un effet magique qu'il faut voir pour croire, et en voyant, on croit que la vue vous trompe. On se sent ému, les sens éprouvent un saisissement dont aucune force humaine ne peut être maîtresse. Au saisissement succède un feu animateur qui vous inspire; les pensées s'élèvent. Le peintre qui visite ces lieux ne peut s'empêcher de saisir ses pinceaux pour tâcher de faire naître sous ses doigts les beautés bizarres de la nature; le poëte prend sa plume; son imagination s'enflamme, son génie trace en traits de feu ses pensées; mais l'un et l'autre ne peuvent qu'imparfaitement rendre ce qui est devant leurs yeux; il est au-dessus du génie humain de tracer les effets de tous les endroits qui vous entourent.

Le lac *Seculéjo*, élevé à 1397 mètres du niveau de la mer, présente une surface presque circulaire de 24 hectares de superficie; sa forme intérieure est supposée figurer un entonnoir dont le fond se trouve comblé; sa profondeur, d'après les expériences faites les 21 et 22 septembre 1831, par M. Boubée, était à cette époque de 75 mètres; elle tend à diminuer d'année en année. La température varie à toutes les profondeurs; elle était lors de cette expérience de 7° au fond du lac, de 9° à la moitié de sa profondeur, et de 11°5 à la surface, la température de l'air étant à 14°. La cascade, en y comprenant le torrent supérieur et le tas de débris qui depuis plusieurs années l'empêche de précipiter ses eaux dans le lac, était de 310 mètres environ, hauteur qui tend aussi à diminuer de jour en jour.

Si on ne redoute pas la fatigue, on peut aller contempler d'autres belles horreurs dans l'aspect sauvage des lieux où se trouve, à près de deux heures en dessus, le lac d'*Espingo*. — De celui-là, toujours à travers les montagnes décharnées et après 3 heures de plus, au *lac glacé* ou *Saóunsat*, qui l'alimente, et l'un de ceux des Pyrénées qui ne dégèlent jamais. — Du *lac glacé* au *port d'Oo*, c'est encore 1 heure, non à gravir, mais à lutter contre d'énormes blocs détachés, contre des bancs de neige et de glace qu'il faut franchir. Il faut être géologue, physicien ou botaniste, pour aller s'aventurer si loin. — Le retour s'opère absolument par la même voie que la venue.

Vallée d'Oueil. — On entre dans cette vallée un peu avant d'arriver à *Saint-Aventin*, en prenant le chemin que l'on a à sa droite ou au nord. Elle n'offre que bien peu d'intérêt. Six villages échelonnés, les deux premiers à gauche, les quatre

autres à droite, le long du ruisseau de l'One, que le chemin
traverse pour passer ensuite de l'un à l'autre de ces quatre
derniers villages. — Cette course peut être tentée en pous-
sant jusqu'au *Mouné*, montagne éloignée de 15 kilomètres de
Bagnères, où le point de vue est admirable. On y domine
une mer de montagnes, quoique sa hauteur soit bien moindre que celle de la plupart des pics des Pyrénées. On aperçoit la *Maladetta* et les cimes dentelées de Catalogne, les
masses neigeuses d'*Oo*, les gorges de *Clarabide*, les *Tours*
du *Marboré*, derrière lesquelles brille la tête blanche du
Mont-Perdu, le *Pic du Midi* de Bigorre, le *Tourmalet*. On
voit une étendue immense présentant une plaine à perte de
vue ; les hauteurs qui s'y trouvent paraissent des terrains
plats ; la Garonne que l'on distingue semble un petit ruisseau
promenant lentement ses eaux au milieu des prairies ; quantité de petites villes et de villages se détachent comme des
points noirs dans la plaine. — Pour jouir de ce magnifique
point de vue, le moment du soleil levant est le plus favorable ; c'est alors un coup-d'œil surprenant pendant le quart
d'heure de la première apparition du soleil à l'horizon, et
alors que mille jeux de lumière se succèdent et produisent
des effets magiques.

Ax. — Cette jolie petite ville, bâtie au confluent de trois
vallées et de trois torrents, et à l'extrémité *sud* du département de l'Ariége, doit, sans doute, son nom tout à la fois au
mot *aie* et au mot *aquæ*, qui, tous les deux, l'un celte,
l'autre latin, signifient eaux. C'est qu'en effet il y en a des eaux
à Ax et de très-renommées. La tradition dans le pays nous
présente ces eaux comme aussi anciennes que les montagnes
du flanc desquelles elles jaillissent, et contemporaines de
l'incendie primitif qui a lui-même enfanté ces montagnes.
« Considérée au point de vue du nombre et de l'abondance
des sources, nous dit le savant chimiste Filhol, la station
thermale d'*Ax* est certainement l'une des plus remarquables des Pyrénées ; on n'y compte pas moins de 53 sources
sulfureuses, dont les températures et la richesse en principes
minéralisateurs sont très-variées. — Des eaux minérales très-
chaudes y coulent sur la voie publique, et sont utilisées soit
pour divers usages domestiques, soit pour le désuintage des

laines. » — Ainsi, le pauvre y prépare sa soupe à la faveur de leur chaleur, y fait cuire ses légumes, y lave son linge ; et le boulanger y trouve l'eau prête pour le pain ; il n'est pas jusqu'au barbier qui ne l'emploie sur les lieux et ne rase à l'eau minérale.

Les eaux d'Ax ont été étudiées à plusieurs reprises par des savants distingués que nous cite celui déjà nommé. Lui-même a apprécié leur importance, le parti qu'on en pouvait tirer, leurs propriétés physiques et chimiques qu'il constate être « à peu près les mêmes que celles des eaux de *Bagnères-de-Luchon.* » — Leur température est depuis le 24e jusqu'au 77e degré centigrade ; elles sont administrées dans trois établissements principaux, qui sont : le *Teich*, le *Couloubret*, le *Breil ;* elles sourdent presque toutes dans les attérissements, et prennent naissance, sans aucun doute, dans les montagnes granitiques qui les environnent. — Les hommes compétents qui ont soigneusement étudié les propriétés thérapeutiques des eaux, M. Astrié entr'autres, divisent ces bains en doux, en moyens et en forts ; les buvettes peuvent être classées de la même manière. Les sources *douces* conviennent pour le traitement des affections nerveuses ; elles fournissent des bains qui, bien que sédatifs, ne sont pas débilitants ; les *moyennes* conviennent dans les cas spéciaux où est indiquée l'action thermale et sulfureuse (rhumatismes, dartres, scrofules), mais où une susceptibilité vive du système nerveux ou de l'appareil circulatoire prescrit une application prudente et graduée de ces agents ; les *fortes* conviennent plus particulièrement aux individus doués d'un tempéramment mou, lymphatique, à réaction organique lente et paresseuse, aux maladies fixes et rebelles, aux affections chroniques enracinées.

De Toulouse, on arrive à Ax par la route impériale no 20, passant à Foix ; la distance totale est de 122 kilom. On se trouve en avoir parcouru le tiers à la limite des départements *Haute-Garonne* et *Ariége* (8 kilom. avant d'arriver à *Saverdun*) ; l'autre tiers à Foix, et le dernier tiers à Ax. Cette route, dans tout ce long parcours continué même 18 kilom. plus loin, alors qu'elle entre en Espagne, en passant par *Mœrens* et *l'Hospitalet*, suit toujours, à très-peu de

chose près, les vallées ou le cours de l'Ariége, qui a sa
source dans les monts de la vallée d'Andorre.

Ax, simple chef-lieu de canton de 2,000 habitants, bâti
sur les bords de l'Ariége, n'est pas éloigné de la partie centrale de la chaîne des Pyrénées; les montagnes qui lui forment immédiatement ceinture, et celles qui, placées dans
les limites de son canton, protégent cette ville contre les
vents, sont très-élevées; elles ont, malgré cela, leur sommet placé au-dessous de la région des glaciers. La neige
elle-même n'y séjourne, pendant la belle saison, que dans
les anfractuosités où les rayons solaires ne pénètrent pas.
La plupart des *cols* et des *ports*, servant de passage dans la
vallée d'Andorre, sont d'un accès difficile. — « La nature
présente à Ax, dit le docteur Alibert dans son *Traité des eaux
minérales d'Ax*, l'aspect saisissant qu'elle a dans les plus heu-
reuses vallées des Pyrénées. Sur les flancs des montagnes
sont appendus des hameaux, au-dessus desquels s'étalent
sans ordre et sans symétrie, avec une irrégularité capri-
cieuse, des forêts de hêtre, de bouleau, de buis et de noi-
setiers. Sur le plan le plus élevé, au voisinage des neiges
éternelles, au lieu même où la grande végétation va cesser,
de superbes sapins projettent vers le ciel leurs tiges élancées.
C'est une dernière et magnifique protestation de la vie contre la mort et les frimats. — Sur le fond de ces tableaux,
comme pour en égayer ou en faire ressortir la verdure, se
dessinent en un blanc d'argent des filets d'eaux qui, de cascade en cascade et par des méandres tantôt rapides, tantôt
indécis, tombent dans le lit qui recueille, au bas de la vallée,
ces vapeurs maintenant condensées que le lendemain doit
ramener, sous formes gazeuses, au front des montagnes...
Sur les monts sont suspendus de vastes lacs. La curiosité de
nos baigneurs explore quelquefois ceux du *Comté*, d'*En-Beich*
et de *Nagullos*, élevé à 1,854 mètres du niveau de la mer.
Sur leurs bords tranquilles et déserts, l'esprit peut méditer
à son aise au milieu du spectacle que présentent les solitudes. »

La route, qui se déploie le long de l'Ariége, sert de promenade ordinaire à la brune; pendant le jour, on préfère les
lieux plus ombragés : les bosquets de *Saint-Udo* et de la

Ville vieille, les pelouses abritées d'*En-Castel*, les solitudes délicieuses de la vallée de *Bazergues*, où le silence n'est troublé que par les torrents, dont l'oreille confond le bruit affaibli avec le murmure des vents, par le fredonnement monotone du pâtre et le tintement éloigné des clochettes suspendues au cou de ses troupeaux.

Il en est ici comme à Luchon : quand on veut faire des courses lointaines dans les montagnes, il faut un guide et un cheval; seulement on se les y procure à meilleur marché: on les obtient facilement, tant l'un que l'autre, pour 3 fr. chacun. Les courses les plus pratiquées sont : 1º *Mœrens*, l'*Hospitalet* et *Puycerda*; 2º *Mœrens*, l'*Hospitalet* et le val d'*Andorre*; 3º le lac du *Comté*; 4º le cirque de *Lanoux* et la vallée de *Nabre*; 5º la vallée d'*Orgeix* et la cascade d'*Orlu*: 6º la forge d'*Ascou*, le port de *Paillères* et le pic de *Tarbézeu*, à 2,363 mètres du niveau de la mer. — Dans leur ensemble, ces voyages sur les montagnes, en élevant aussi l'esprit et les sentiments, laissent des enseignements qui impressionnent. « Les montagnes semblent être, en effet, le berceau de la nature, le foyer de l'imagination, les sources vives de la foi. Elles reproduisent à l'œil étonné l'histoire d'un monde qui n'est plus, et la main puissante de Dieu semble avoir soudainement figé ces masses énormes pour retracer éternellement l'horreur des premiers temps et l'agitation du chaos... Ces masses de granits, aussi anciennes que le monde, ici se déploient majestueusement en vallées magnifiques, que recouvrent de riches tapis de verdure et qu'éclairent des flots de lumière; là se resserrent en gorges étroites et horribles, osseuses et décharnées, sombres et froides, où le soleil ne pénètre point, et qui ne laissent jamais passer qu'un vent rapide et glacial comme celui qui précède les tempêtes. Des croix plantées çà et là rappellent des malheurs passés, des catastrophes affreuses; et des rochers crevassés, qui surplombent, tiennent toujours au-dessus de la tête du voyageur l'appareil terrible de la mort. Les gaves (torrents) eux-mêmes ont hâte de franchir ces demeures maudites; ils les parcourent de toute leur vitesse, en faisant tressaillir le voisinage du retentissement de leur puissante voix. »

L'étranger à Ax peut, comme à Luchon, se loger soit à

l'hôtel, soit dans des maisons particulières : dans le premier
cas, la dépense, à l'hôtel Sicre ou à l'hôtel Boyé, bien tenus
tous les deux, est de 5 francs, chambre comprise; celle des
domestiques, de 3 fr. 50, et l'entretien des chevaux, 1 fr. 50
par jour. Si on y arrive en famille, et surtout accompagnés
de serviteurs, mieux vaut se choisir un appartement dans
une maison particulière. On vit là conformément à ses habitudes ordinaires : ou l'on se fait apporter la nourriture toute
prête de l'un des hôtels ou restaurants de la ville, ou l'on
fait préparer les aliments dans la maison même, en faisant
acheter au marché et dans les boutiques toutes provisions,
bonne viande, truites et poissons tout vivants, fruits et légumes, lait, beurre frais et fromage, rien enfin, pas même
la bonne pâtisserie, ne manque dans ce pays de montagnes.

BAGNÈRES-DE-BIGORRE. — S'il est un séjour délicieux et
charmant, c'est bien celui qu'offre Bagnères, ville d'environ
8,000 habitants, que baigne l'Adour. Ses constructions sont
la plupart à l'instar de celles de Paris, ses rues sont larges
et presque toutes macadamisées; elles sont abondamment
arrosées; l'eau y circule à grands flots même en dessous des
maisons, si bien qu'on pourrait croire Bagnères bâtie au-
dessus d'un vaste bassin. — Bagnères, chef-lieu d'arrondissement, offre au voyageur les agréments et toute la multi-
plicité des ressources de la grande ville, réunis aux délices
de la campagne la plus luxurieuse; aussi est-elle le rendez-
vous de la société la plus élégante, et des baigneurs huppés
de toutes les stations des contrées environnantes, qui ne
rentrent jamais chez eux sans être allés s'y délasser pendant
huit ou quinze jours. — Malgré cette affluence d'étrangers,
on trouve à se loger et à vivre dans Bagnères, selon qu'on
peut le désirer, vu qu'il y a renouvellement continu de cette
population flottante, dont le plus grand nombre est attiré par
l'agrément du séjour. Le prix des logements varie, et d'une
saison à l'autre, et dans les diverses périodes d'une même
saison, selon qu'il y a plus ou moins d'étrangers; c'est du
mois de juin à fin septembre qu'est la grande foule. — Les
personnes qui y viennent seules, ou qui, pour un séjour
momentané, ne veulent pas avoir les embarras du ménage,
vont aux hôtels; ils ne manquent pas à Bagnères : l'hôtel

Frascati, le *Grand-Soleil*, l'hôtel de *France*, du *Bon-Pasteur*, de la *Paix*, etc., etc., peuvent loger bien du monde. On peut même se loger hors ville dans de charmantes habitations.

De Toulouse à Bagnères-de-Bigorre, il existe trois routes différentes; la plus longue est celle passant par Auch et par Tarbes; puis vient celle de Bayonne, passant par Lombez et par Tarbes, comme la précédente; elle a 168 kilom., tandis que celle passant par Saint-Gaudens et Lannemezan n'en a que 142. Ce sera cette dernière que suivra, à quelques petits écarts près, le chemin de fer des *Pyrénées*, qui, une fois fait, arrivera à 3 ou 4 kilom. de Bagnères, et ce long trajet alors ne sera l'affaire que de quelques heures. — Les personnes qui, de *Luchon*, veulent se rendre à *Bigorre*, peuvent se dispenser d'arriver jusqu'à *Saint-Gaudens;* il existe une route qui conduit de la vallée de *Larboust* dans la vallée d'*Aure* et de là dans celle de *Campan*. — C'est un trajet très-pittoresque. La vallée d'Aure est une des plus belles que présentent les *Pyrénées:* partout on voit l'image de la fertilité; la grandeur, la variété des paysages, y attirent les artistes, dont les crayons ou le pinceau viennent saisir et reproduire les formes majestueuses et les beautés naturelles que ces sites enchanteurs leur fournissent. — En passant de la vallée d'Aure dans celle de Campan, si célèbre par tant de descriptions écrites avec enthousiasme, on ne fait que se ménager de nouvelles jouissances. Elle fait oublier la précédente, en réunissant à la beauté de celle-ci un ton magique, que l'œil saisit, mais que la plume ne peut décrire. Les deux naïades, dont les unes versent dans le sein de cette nouvelle *Tempé*, l'*Adour d'Aure* et l'*Adour de Tourmalet*, ne brisent point le cristal de leurs ondes réunies sur des rochers anguleux; elles murmurent sans mugir, elles descendent sans se précipiter; elles fécondent la vallée et ne la désolent point; tout sourit à leur passage : les prairies s'émaillent de fleurs, les vergers se couronnent de fruits, les moissons étalent l'or de leurs épis. Voyez-vous sur la rive gauche ces montagnes dépourvues de terre végétale? Elles n'effraient point par des formes trop mâles et trop sévères; mais la nature leur a conservé une couleur terne, pour faire ressortir dans la partie opposée le riant paysage qu'animent

d'élégantes habitations, des jardins arrosés par les sources
les plus pures, et d'heureux troupeaux bondissant sous la
houlette des bergers.

C'est à travers ces beaux paysages qu'on arrive du village d'Arrau jusqu'à celui de Sainte-Marie; 10 kilom. plus
loin, et par une route qui domine l'Adour, vient celui de
Campan; la route continue toujours à peu de distance du
fleuve. C'est le prieuré de *Saint-Paul* qu'on aperçoit d'abord
sur son éminence isolée et entourée de peupliers. La fontaine de *Medoux* vient ensuite inviter à s'en écarter. La
naïade bienfaisante distribuait autrefois ses eaux aux capucins qui étaient établis en ce lieu; elle en augmente le volume
et la fraîcheur pendant l'été; elle jaillit dans un lieu charmant
ombragé de tilleuls, et se mêle à peu de distance avec
l'Adour. C'est en jouissant de la vue de ces beaux sites et
des points de vue de Campan, de la plaine d'*Asté* et de *Gèdre*,
qui ont tempéré l'aspect et le souvenir du donjon sourcilleux
de *Baudéan*, qu'on arrive bientôt à Bagnères; on l'aperçoit
coquettement échelonnée au pied du riant coteau de
l'*Hospice*. Sa situation, dans un vallon de la plus brillante
fertilité, au pied des Pyrénées, dont elle n'est pas si rapprochée que son homonyme de *Luchon*, lui donne aussi les
agréments du voisinage de la vallée de *Campan* et de la plaine
de Bigorre.

Les *promenades* de Bigorre sont d'une agréable variété;
l'allée des *Coustous*, bordée de belles habitations et longée
par un canal d'une eau limpide et courante, est au centre de
la ville; aussi y a-t-il foule. Celle de *Vignaux*, si grande et
si belle, fait les délices des rêveurs; dans celle de l'*Hospice*,
dominant la vallée, l'œil du voyageur plonge sur la ville entière, sur ses belles constructions, ses jolis jardins, ses allées, sur le limpide Adour, qui vient, pour sa bonne part,
contribuer à la beauté du tableau, et plus loin, il voit la
riante plaine qui se déploie vers *Tarbes*; il a tout cela sous
ses yeux en cheminant par le jardin anglais de *Théas*, remarquable par ses allées ménagées avec tant d'art sur la
pente de la montagne; après une douce ascension de 15 à
20 minutes, il se trouve dans des massifs de verdure et
d'arbres séculaires, formant le majestueux couronnement de

cette pittoresque montagne. L'amateur de belle nature doit s'attendre à faire assez fréquemment quelques rencontres dans cette promenade poétique, puisqu'il sait déjà que Bagnères est une ville à ressources multiples, un lieu de rendez-vous général de tous ceux et celles qui cherchent à passer gaiement et agréablement quelques instants de la vie; nous laisserons à sa sagacité et à ses goûts le choix à faire et les préférences à donner en semblable circonstance. — Revenons à notre montagne; elle mérite bien qu'on en reparle. Ses services, à l'égard des baigneurs, ne se bornent pas à ce qui en a été dit. C'est elle qui renferme dans ses entrailles ces naïades variées qui s'échappent par ses flancs ou qui vont ourdir à petite distance à la surface du sol. Il n'est pas jusqu'à sa partie rocheuse et presque décharnée, plus loin, à droite de celle servant de promenade, qui ne rende aussi ses services. C'est sur ce point, en effet, que coule la source ferrugineuse, la buvette matinale des baigneurs. — Le *Salut*, c'est le nom de la promenade ou chemin champêtre et ombragé, comme aussi celui des sources où ce chemin conduit; de la ville à ces sources, c'est le coup-d'œil le plus piquant. — Le désordre de la simple parure du matin, la liberté de la campagne, la familiarité dont on jouit aux eaux, font naître promptement à Bagnères ces liaisons de hasard et de rapprochement que le sentiment ne perpétue d'ordinaire que tout juste jusqu'au moment de remettre le pied en diligence. C'est un mouvement, une agitation, une rapidité d'équipages et de chaises à porteur, une scène mouvante, enfin, dont les acteurs varient sans cesse. Ajoutez à ces agréments celui de trouver plus de médecins qu'il n'existe de malades, et vous aurez une idée de ce lieu, où sites et hommes, tout enfin paraît romanesque.

Courses. — Quoique située à une certaine distance, et pour ainsi dire au bas de l'amphithéâtre *pyrénéen*, Bagnères-de-Bigorre offre cependant à l'amateur paysagiste ou herboriste de quoi satisfaire ses goûts. Il a d'abord la montagne de l'*Hyéris* où *Tournefort* a tant herborisé. Il ne doit pas se dispenser de monter sur le *Pic du Midi*. Pour y parvenir, il faut remonter vers les sources de l'Adour, dont il a suivi déjà une partie du cours, s'il est arrivé à Bagnères par la vallée de Campan, qui précédemment lui a été décrite. La vue des paysages de *Grip* dédommagera de la fatigue du voyage. On parvient bientôt ensuite aux cabanes de *Tramesaigues*, et l'on commence en peu d'instants à s'élever sur les premiers échelons qui conduisent au pic. *Tramesaigues* et *Grip* sont au-dessus de l'idée qu'on peut s'en former : leurs prairies sont réellement, selon l'expression des poètes, émaillées de fleurs. En montant le chemin qui conduit au lac de *Honchet* ou *Oncet*, on trouve d'abord le petit lac ou *Laquet*; on parvient ensuite à la *Hourquette des cinq ours*, plus élevée de 116 mètres que le grand lac. C'est un petit plateau où viennent aboutir les deux vallons qui s'ouvrent l'un dans la vallée de *Campan*, l'autre dans celle de *Barèges*. Nous voilà donc au sommet. — « Je parcourus d'abord, dit un de ceux qui a visité ces lieux, l'ensemble de l'immense horizon qui m'environnait. Après un instant de recueillement, mes yeux mesurent au nord la profondeur du précipice, que d'antiques ruines lient au sommet que j'occupe, et mes regards se perdent ensuite dans la longue série des plaines de *Bigorre*, du *Béarn*, du *Couserans* et du *Languedoc*. Me tournant vers le sud, le *Tourmalet* me semble être la première marche du vaste amphithéâtre que terminent *Vignemale*, le *Marboré* et le *Mont-Perdu*. Sur les marches intermédiaires, je reconnais, à droite, le pic *Long*, le pic d'*Arbison* et *Néouvielle*; à gauche, une montagne voisine du pic de *Gabisos* me cache le squelette du pic du *Midi* de Pau, et ne m'en laisse apercevoir que la tête granitique. »

Les *eaux* ou *sources minérales* de Bagnères-de-Bigorre sont salines-séléniteuses : les unes simples, les autres ferrugineuses. Elles se distinguent des sources analogues qu'on trouve dans les autres parties de la chaîne par leur haute température; elles sont si abondantes et si nombreuses, qu'on peut dire avec raison que *Bagnères* est posée sur une nappe d'eau minérale. — Les eaux de *Bagnères* sont limpides, incolores; leur saveur varie selon qu'elles sont ou ne sont pas ferrugineuses. Ces sources sont utilisées dans divers établissements appartenant soit à la ville, soit à des particuliers. L'action thérapeutique des eaux de Bagnères est d'être laxatives et diurétiques. La source *Lasserre* et celle de la

Reine, les plus riches en sulfate de magnésie, sont aussi les plus laxatives. L'eau de *Salut* est éminemment diurétique. A température peu élevée, ainsi que celle du *Foulon*, elle exerce comme celle-ci une action hyposthénisante marquée sur la plupart des malades; leurs effets ont la plus grande analogie avec ceux de certains médicaments antispasmodiques. Les sources à température plus élevée sont au contraire excitantes. De ce nombre sont celles de la *Reine* et du *Dauphin*. Mais leur action paraît être singulièrement modifiée par les sels qui accompagnent leur principe ferrugineux, quoique plus abondant en elles que dans celles d'*Angoulême*. Cette réunion très-précieuse de sources purement ferrugineuses (Angoulême), de sources purement salines, et de sources à la fois salines et ferrugineuses, permet au médecin de varier plus qu'ailleurs les effets de la médication par le fer.

L'établissement thermal de la ville est alimenté par les sources de la *Reine*, du *Dauphin*, de *Roc de Lannes*, du *Foulon*, de *Saint-Roch* et des *Yeux*. Il consiste en un magnifique bâtiment adossé à la montagne d'où viennent les eaux qui l'alimentent. Chacune des sources dénommées peut y être utilisée à part. Les cabinets des bains sont précédés d'un vestiaire; les baignoires sont en marbre; on trouve dans l'établissement plusieurs appareils de douches de formes diverses, munis des accessoires nécessaires pour modifier, suivant les indications des médecins, la force d'impulsion et la direction de l'eau (douches ascendantes, descendantes, en arrosoir, etc.); un double appareil fumigatoire avec des cabinets où sont placés deux lits de repos, un bain de vapeur avec ses dépendances et deux buvettes. — Pour compléter la nomenclature des thermes existants à *Bagnères*, nous devons désigner, en outre de ceux déjà cités, les bains de *Bellevue*, de *Carrère-Lannes*, de *Cazeaux*, de la *Guttière*, du *Grand-Pré*, de *Lapeyrie*, de *Nora*, du *Petit-Barèges*, du *Petit-Prieur*, de *Pinac*, de *Théas*, de *Versailles*.

BARÈGES. — La course au *pic du Midi* (de Bagnères), de laquelle il a été dit quelques mots, fait découvrir sur le flanc du *Tourmalet*, première marche, avons-nous dit, du vaste amphithéâtre qui s'y présente au sud, un chemin ou passage.

C'est par là qu'on va de Bagnères à Barèges. A ce voyage ou chemin assez direct, mais fatiguant, le plus grand nombre de voyageurs préfèrent le détour par *Lourdes,* petite ville défendue par un château-fort, et où l'on arrive, après un parcours de 40 kilomètres, par la grande route passant à Tarbes. De *Lourdes,* on se rend à *Argelès,* par une gorge sombre et étroite, dont la route occupe le fond, en suivant le cours sinueux du Gave; la distance de l'une à l'autre de ces deux villes est de 19 kilom. — Dans la plaine d'Argelès, la nature reprend sa parure et offre au voyageur de longs et verdoyants tapis; mais après 10 kil., cette même plaine se divise à *Pierrefitte* en deux vallées étroites, bordées de rochers dont les sommets progressivement croissants vont s'attacher à la crête des Pyrénées. C'est par ces deux vallées resserrées que la route se bifurque aussi; celle de droite conduit à *Cauterets,* celle de gauche à la petite ville du *Luz* en 12 kilom.; et c'est enfin à 7 kilom. au-delà, et toujours vers la gauche, qu'on pénètre jusqu'à *Barèges.*

Le village de Barèges, situé dans un étranglement de vallée tel, que la seule rue qui le compose repousse d'un côté les maisons contre la montagne, et de l'autre, les suspend sur le Gave, est le séjour le plus triste assurément de tous les établissements thermaux des Pyrénées; c'est à peine s'il y a cent maisons à Barèges. Depuis le mois d'octobre jusqu'à celui de mai, elles sont ensevelies sous les neiges. Les propriétaires les abandonnent, se retirent à *Luz,* et ne reviennent qu'au retour de la belle saison. — En revanche, les compensations les plus précieuses sont attachées à ce local disgrâcié. Ses sources, remarquables à plus d'un titre, n'ont, sous plusieurs rapports, pas d'égales dans les Pyrénées. Les malades peuvent s'y promettre les eaux les plus efficaces; les amis des montagnes, les guides les plus expérimentés. — Ces sources sont au nombre de huit, dont la richesse en sulfure, en chlorure de sodium et l'alcalinité sont variées, et dont la température s'y présente dans l'ordre progressif suivant :

1° Lachapelle.. . 31°	4° Le Fond. . . 36°	7° L'entrée. . . 40°
2° Genecy. . . . 32°	5° Bain Neuf. . . 37°	8° Le Tambour,
3° Dassieu. . . . 35°	6° Polar. . . . . 39°	grande douche. 45°

Plusieurs chimistes se sont occupés de l'analyse des eaux de Barèges. Les expériences qu'en a faites le docteur Filhol lui font considérer ces sources comme plus alcalines que beaucoup d'autres, et dépassant, sous ce rapport, celles de *Luchon.* Ce savant chimiste nous dit aussi « qu'elles sont beaucoup moins altérables que ces dernières et que celles de *Cauterets.* » Ces eaux sont, il est vrai, captées de telle manière, que les griffons naissent dans les réservoirs eux-mêmes, et les cabinets des bains étant adossés aux réservoirs, l'eau coule pour ainsi dire du griffon dans la baignoire. Il est donc très-naturel que cette eau n'ait éprouvé dans son court trajet qu'une altération inappréciable ; mais il n'en est pas de même de celle destinée à l'entretien des piscines, puisqu'elle provient en grande partie de la vidange des baignoires ; celle-ci présente dans les piscines une couleur jaune verdâtre qui annonce qu'elle renferme un polysulfure, et pourtant elle ne blanchit jamais... Si l'on essayait à Bagnères-de-Luchon d'entretenir les piscines avec de l'eau qui aurait passé par les baignoires, on y donnerait des bains d'eau blanche dont le degré sulfhydrométrique serait presque nul, et dont l'activité serait bien moindre qu'à Barèges... Ce qui contribue encore beaucoup au maintien de l'élément sulfureux pendant la durée des bains, c'est que la plupart des eaux de Barèges, ayant une température voisine de celle du corps humain, sont administrées sans mélange d'eau froide ; aussi, quoique les sources de *Barèges* soient pour la plupart beaucoup moins sulfureuses que celles de *Luchon,* les bains qu'on y donne sont-ils presque tous aussi riches en sulfure de sodium que ceux de cette dernière localité.

« Les bains de *Barèges* sont aussi riches et même plus riches en sulfure alcalin que la plupart de ceux de Luchon... Ce qui leur manque, c'est cette variété dans les températures et les sulfurations que nous avons rencontrées dans les deux stations thermales précédemment étudiées (Luchon et Cauterets). *Barèges* est complètement dépourvu de ces eaux de force moyenne dont l'usage gradué permet aux malades d'arriver sans inconvénient à celui des eaux le plus fortement minéralisées. Aussi les eaux de *Barèges* sont-elles considérées comme très-excitantes, et je suis convaincu qu'elles le seraient davantage, si elles avaient, comme celles de *Luchon*, la propriété de laisser dégager de l'acide sulfhydrique en grande quantité. »

L'auteur nous démontre ensuite comment, dans ces dernières eaux (Luchon), l'absorption du soufre ayant lieu partie par la peau, partie par les voies respiratoires, introduit au bout de peu de temps dans le sang plus de soufre qui, y devenant bientôt libre, ne tarde pas à produire les phénomènes d'excitation; tandis que les premières (Barèges), où il n'y a pas ou presque pas de dégagement, si elles n'introduisent que peu de soufre dans l'économie, exercent en revanche une action intense, continue et peu variable sur l'affection locale, les plaies, les ulcères, etc., qu'il s'agit de guérir. — C'est ainsi qu'il se rend compte de l'efficacité en quelque sorte merveilleuse des eaux de Barèges dans le traitement des vieilles blessures, des plaies d'armes à feu, des plaies fistuleuses, des ulcères atoniques, variqueux, des caries des os, etc. Mieux que d'autres, ces eaux facilitent l'élimination des corps étrangers; elles peuvent aussi rendre de grands services dans le traitement des scrofules, des maladies de la peau, des rhumatismes et de la plupart des affections qu'on traite par les eaux sulfureuses.

Les cures les plus remarquables sont produites par la grande douche et les piscines. On boit principalement l'eau du *Tambour;* c'est aussi l'eau de cette source qui est mise en bouteilles pour être exportée. Le débit des sources s'élève à environ 160 mètres cubes par 24 heures.

L'établissement renferme 16 cabinets de bains, 2 douches, 3 piscines, dont une pour le civil, l'autre pour les indigents; la piscine militaire offre un caractère particulier : sous une esplanade d'environ 12 mètres de long sur 5 mètres de large est une chambre à moitié souterraine; le sol offre un bassin carré, autour duquel des sièges ont été creusés. Dans ce bassin d'eau minérale, et pouvant contenir une vingtaine de baigneurs, sont assis les soldats de l'hôpital militaire, fumant leurs pipes et causant, pendant qu'on soigne leurs blessures.

Barèges n'est ni bourg, ni village, ni hameau : c'est une rue. Le *Bastan* a entraîné et laissé sur ses bords des blocs de granit et de marbre, et c'est sur ces débris que ce sont élevées quelques maisons seulement habitées à la belle saison; les avalanches, les menacent sans cesse. Cependant il existe à *Barèges* un hôtel avec écuries et remises, dans lequel il y a table d'hôte bien servie pour 3 francs par jour et des chambres pour 1 franc.

La vallée est affreuse pour le paysagiste; mais les masses de *Néouville*, le pic du Midi du Bigorre, les lacs d'*Escoubous* versant leurs eaux dans le gave (le *Bastan*), donnent à cette position un grand intérêt pour le géologue à cause de la proximité des sommités du premier ordre.

BARZUN est situé sur la rive droite du *Bastan*, à moins d'un kilomètre de distance de *Barèges*.

La température de la source est de 31° 20 cent.; ses propriétés thérapeutiques sont, avec certaines modifications, celles des eaux sulfureuses en général. En boisson, elle se rapproche plus particulièrement de celle de *Bonnes* et de la *Raillère* (Cauterets); bien plus sulfureuse qu'elle et infiniment plus gazeuse et plus chargée de barégine, elle provoque cependant une excitation moins forte. Bien moins excitante que celles de *Barèges*, elle est très-utile pour préparer les malades à leur usage et convient parfaitement aux tempéraments irritables. — En résumé, les eaux de Barzun, quoique très-sulfureuses, sont sédatives hyposthénisantes et assez analogues à celles de Saint-Sauveur; leur voisinage est d'autant plus précieux pour *Barèges*, que ce sont précisément les eaux de ce genre qui manquent à cette localité.

SAINT-SAUVEUR. — Ce petit village, de la même physionomie que *Barèges*, consiste en une seule rue dont les maisons, d'un côté, sont adossées aux roches; de l'autre, se trouvent comme suspendues sur les précipices de 80 mètres de profondeur où les eaux du *Gavarnie* roulent en mugissant. De *Barèges* à *Saint-Saureur*, il n'y a tout au plus que 10 kilomètres par un chemin toujours en descente et suivant l'étroit vallon du *Bastan* qui s'embranche dans le bassin de *Luz*. Ce dernier bourg est le chef-lieu de canton; il est dans une vallée triangulaire de l'aspect le plus gracieux et très-féconde. *Saint-Sauveur* n'est qu'à 2 kilomètres plus loin, si·bien que beaucoup de malades préfèrent habiter *Luz* et aller de là prendre leurs bains à *Saint-Sauveur*, souvent trop petit, d'ailleurs, pour contenir tous les étrangers qui fréquentent son établissement thermal remarquable par son élégante simplicité.

Il y a 16 cabinets de bains, 2 douches ascendantes et une buvette. La source principale jaillit, à peu de distance de l'établissement, d'une roche euritique assez compacte. Les propriétés physiques et chimiques de l'eau de *Saint-Sauveur* ont grande analogie avec celles de *Barzun;* elle communique à la peau une onctuosité toute particulière, ce qui, dit M. Filhol, est assez en rapport avec son alcalinité assez prononcée, sa température assez basse (34 à 32°) et sa richesse en matière organique. Ces eaux sulfureuses sont spécialement recommandées aux personnes atteintes de maux de poitrine et de spasmes nerveux; leur action semble se diriger spécialement sur la sensibilité; on y va quand on est menacé de quelque affection organique, pour des toux commençantes, pour de légers engorgements des viscères du bas-ventre, pour des céphalalgies, des migraines. Elles conviennent aux constitutions faibles et délicates. On les administre sous forme de bains; c'est ainsi qu'elles conviennent le mieux. En buvette, elles sont lourdes et indigestes; les malades préfèrent les eaux de *Bonnes,* et on y en transporte. Quant aux douches, on va les prendre à *Barèges.*

Les environs de Saint-Sauveur semblent faits pour concourir avec la source thermale au rétablissement de la santé. On a tracé sur la pente qui mène au *Gave* des massifs de verdure, des allées tortueuses, des bosquets enfin ; et d'ancienne date, la partie inférieure est désignée sous le nom de *Jardin de Cythère.* On n'arrive de *Saint-Sauveur* à *Cauterets* que par monts et par vaux. Il en est à 10 kil., du côté opposé de *Barèges.*

CAUTERETS. — Si c'est directement qu'on se rend de *Tarbes à Cauterets,* le lecteur sait déjà qu'arrivé à *Pierrefitte,* c'est la bifurcation à droite qu'il a à prendre, et c'est un parcours de 15 kilom. — Ces eaux thermales jouissent d'une réputation bien méritée. On trouve dans cette localité des sources nombreuses dont la température, la richesse en principes sulfureux et l'alcalinité sont très-variées. Malheureusement quelques-unes d'entre elles naissent à une distance assez considérable de la ville, ce qui peut, dans certains cas, être un grave inconvénient. — De l'éloignement des sources est née la nécessité de fonder plusieurs établissements distincts, dont chacun est alimenté par des sources particulières, ce qui a cet avantage que chacun d'eux a pu être ainsi approprié spécialement aux divers modes balnéaires que la pratique a reconnu les plus convenables. — Considérées dans leur ensemble, les sources de *Cauterets* jouissent de propriétés physiques et chimiques fort analogues à celles de *Luchon*, dont elles se distinguent cependant par la proportion beaucoup moindre de sulfure de sodium qu'elles contiennent. Moins chaudes qu'elles (30 jusqu'à 55°), plus alcalines et contenant plus de silice, elles sont plus douces et plus sédatives. Elles sont riches en matière organique et peut-être est-ce à cette substance qu'il faut attribuer les propriétés particulières depuis longtemps reconnues à certaines sources de cette station thermale, la *Raillère* surtout, la plus remarquable de toutes, réputée depuis un temps immémorial pour le traitement de certaines affections des voies respiratoires (catarrhes chroniques, affections du larynx, phthisie au premier degré). La source *vieille* de *Bonnes* peut seule lui être comparée; mais on sait que les eaux de *Bonnes* sont plus excitantes que celles-ci.

Le grand établissement de Cauterets est alimenté par les sources de *César* et des *Espagnols,* venant du Pic du *Bain,* à 300 mètres de hauteur. Un tel trajet dans des conduits à fleur de terre ne peut que les altérer. Elles sont cependant considérées comme les plus actives, et plus particulièrement affectées au traitement des rhumatismes, des scrofules ou des affections de la peau. — Les sources de *Pause vieux* et de *Pause nouveau,* voisines des précédentes, ont le même emploi et sont aussi utilisées contre les catarrhes et certains accidents de la syphilis. — La source *Bruzaud* a son principal emploi en douches ascendantes. — A *Cauterets,* les sources minérales sont on peut dire abondantes; elles alimentent suffisamment 9 établissements, dont l'ensemble

contient 130 baignoires, 14 douches remarquables par leur
chute et leur puissance, et enfin plusieurs buvettes.

Le *Lavedan*, nom sous lequel ont été comprises les diverses vallées des environs de *Cauterets*, de *Luz*, de *Barèges*, de *Bonnes* aussi ou d'*Ossau*, etc., etc., faisait partie des
domaines des rois de Navarre ; il commence près de *Lourdes* et continue vers *Luz*, en comprenant le bassin d'Argelès. — Toutes les courses qui se font à *Cauterets* et à *Saint-
Sauveur* s'effectuent au moyen de chaises à porteur pour les
femmes ; les hommes, armés de bâtons ferrés, vont à pied.
C'est ainsi qu'on va voir le *pont d'Espagne*, la cascade du
Serizet et le lac de *Gaube*, qui n'a pas moins d'une lieue de
circuit, et dont la profondeur est de 40 à 50 mètres. Dire
que c'est sur le sommet d'une montagne que se trouve cette
quantité d'eau ! Aussi faut-il bien prendre garde de n'y faire
des promenades que par un temps bien calme, et ne pas
aller imiter ce jeune Anglais qui, en 1832, eut l'impru-
dence de s'y aventurer lui et sa compagne, malgré l'avis du
batelier, alors que le vent soufflait assez fort ; arrivée au
milieu, l'embarcation ne tarda pas à être ballotée et bientôt
engloutie sans qu'il fût possible de leur porter secours. Cet affreux évènement impressionna si péniblement les esprits à
Cauterets, qu'on y raconte toujours la triste fin de ces infor-
tunés époux, et le souvenir y vivra longtemps encore.

BONNES. — Les eaux de *Bonnes* sont situées dans la vallée
d'Ossau (Basses-Pyrénées), au confluent des ruisseaux de la
Sonde et du Valentin, au pied du pic du *Ger*, à 25 kilom.
ouest d'*Argelès*, où nous avons vu que conduit la route venant de *Tarbes* et se continuant jusqu'à *Barèges*. — Le
village se compose d'un assez grand nombre d'hôtels spa-
cieux et bien bâtis ; une promenade qui longe le flanc de la
montagne (*la promenade horizontale*) permet aux malades,
qui, sans inconvénient, ne peuvent parcourir un sol inégal
et fortement accidenté, de prendre un exercice suffisant
dans un lieu très-agréable et sans fatigue.

Les sources sulfureuses y sont au nombre de quatre ; leur
température est entre 31° 60 et 33° 80 centigr. On utilise
dans l'établissement : 1° la source *Vieille ;* 2° la source d'*En-
Bas ;* 3° la source *Nouvelle ;* la 4e, celle du *Bois* ou de la

Montagne, est à une petite distance du ruisseau de la Sonde. La *Vieille* est la plus importante : elle est principalement utilisée en boisson ; la *Nouvelle* a besoin d'être chauffée pour être administrée en bains. Les propriétés physiques et chimiques des *Eaux-Bonnes*, les distinguent de la plupart des autres sources de la chaîne, pour leur efficacité dans le traitement de certaines affections des voies respiratoires. Connues longtemps sous le nom d'eaux d'*Arquebusade*, elles furent employées au traitement des blessures. Le médecin Bordeu les considérait aussi comme pouvant favoriser l'expulsion des corps cachés dans le tissu des chairs. Il s'en servait même pour le traitement de certaines affections du tissu osseux. — Mais c'est surtout dans les maladies de poitrine qu'il en retirait d'excellents effets.

« Les *Eaux-Bonnes*, dit P. Bordeu, sont regardées par beaucoup de médecins comme le meilleur remède possible contre les maladies de poitrine. Les eaux de *Cauterets* vont de pair avec les *Bonnes* ; celles-ci paraissent mieux convenir dans le marasme, lorsque le sang est sec et échauffé et lorsque l'irritation domine ; mais lorsque l'estomac a perdu son ressort, on donne la préférence à celles de *Cauterets*. Quant aux eaux de *Barèges*, elles passent, depuis M. Fajon, comme spécifiques contre l'asthme. » — « Bordeu administrait ces eaux comme le meilleur de tous les béchiques ; il les prescrivait en boisson à des doses assez élevées, et les comparait, sous le rapport de leur action adoucissante, à de l'eau de mauve. — Tous les praticiens sont d'accord aujourd'hui, ajoute le savant chimiste Filhol, pour considérer les eaux de *Bonnes* comme exerçant une action toute spéciale sur les maladies des voies respiratoires (catarrhes chroniques, phthisie laryngée, phthisie pulmonaire au 1er degré, asthme humide) ; mais il faudrait se garder de les administrer à des personnes chez lesquelles la phthisie serait parvenue au troisième degré. Bordeu, le premier, a signalé la facilité avec laquelle ces eaux aggravent les accidents et accélèrent, en pareil cas, la mort des malades. M. Daralde, dont l'autorité est si considérable en pareille matière, les a vues aussi produire des effets fâcheux quand la phthisie était très-avancée, tandis qu'il en obtient tous les jours d'excellents effets dans la phthisie au premier et au deuxième degré, et dans les cas de laryngite chronique. — Ce sont les eaux de la source *Vieille* qui sont employées en pareil cas. »

Ces eaux jouissent d'une grande activité. On commence par des doses faibles qu'on élève graduellement en surveillant avec soin leurs effets; car il est des malades chez lesquels ils se font sentir d'une manière rapide, et quelquefois fâcheuse, même quand ils n'en ont usé qu'à doses modérées.

Eaux-Chaudes. — C'est dans une gorge de la partie supérieure de la même vallée d'*Ossau* que celles-ci sont situées : une route creusée sur le flanc de la montagne, route qui est une œuvre d'art, pleine de hardiesse et de beauté, rend l'accès du village très-facile. Les montagnes formant l'entrée de la gorge sont tellement rapprochées, qu'il en a fallu excaver les rochers en forme de galerie à jour; et le chemin ainsi taillé dans le flanc de la montagne, domine des précipices d'une profondeur effrayante : travail énorme et le plus remarquable en ce genre de la chaîne des Pyrénées, exécuté sous l'administration de ce même M. d'Etigny qui fit tant aussi pour *Luchon*. — Les sources de ces thermes sont au nombre de six, la température de celles de *Minvielle* et *Laressecq* est de 11º à 25º; de *Baudot*, 27º 20; de l'*Esquirette*, 33º 40; du *Clot*, 34º 10; de *Le Rey*, 34º 80.

Minvielle, qui n'a que 11º, est par conséquent très-froide dans la saison des eaux; et ceux qui la boivent sans ménagement peuvent en éprouver et en éprouvent des accidents quelquefois graves. — *Laressecq* donne une eau très-résolutive, qui est employée traditionnellement, et avec un succès qui ne s'est pas démenti dans le traitement des plaies, ulcères, ophthalmies chroniques et scrofuleuses, aussi Bordeu l'appelait-il fontaine du Salut. — *Baudot* fournit une eau de facile digestion, et très-employée en boisson. Elle est détersive, résolutive et diurétique à un point plus élevé que les autres sources; exerce une action fortifiante sur les muqueuses bronchiques, sans jamais déterminer de mouvement fébrile; guérit les catarrhes humides; opère la résolution des lésions constituant la pneumonie chronique, et exerce même une salutaire influence sur les symptômes qui caractérisent la phthisie à son début. — L'*Esquirette* fournit une eau peu excitante comparativement à celle du *Clot*; aussi convient-elle dans les maladies nerveuses. L'*Esquirette tempérée,* moins excitante encore que la précédente, est très-efficace dans les inflammations chroniques ; en douches ascendantes, elle est d'une efficacité remarquable contre les affections utéro-vaginales avec engorgements, ulcérations et douleurs plus ou moins vives. — L'eau du *Clot* est la plus excitante ; elle agit surtout avec force pour combattre les rhumatismes, rappeler le flux menstruel supprimé, le flux hémorrhoïdal et les éruptions herpétiques. — Le *Rey* guérit souvent les rhumatismes qui ont résisté à l'action plus énergique du *Clot.* Les organisations lymphatiques et scrofuleuses qui ont besoin d'être ménagées, les enfants, par exemple, dont la débilité et l'impressionnabilité sont grandes, se trouvent bien à cette source.

Les eaux chaudes étaient très à la mode à la cour du Béarn ; on les nommait communément *imprégnadères,* les regardant comme douées d'une vertu particulière. Toutes les eaux minérales ont à cet égard leurs miracles assez naturels, sur lesquels s'est exercée la plaisanterie, à l'encontre des femmes que des maris, complaisants et privés de progéniture, conduisent ou envoient aux eaux.

Topographie relative des principaux thermes sulfureux et appendice.

Ces diverses stations thermales n'ont entre elles que quelques fractions de degré de latitude ; ce n'est donc pas d'après leur position plus ou moins avancée vers le midi, dans ces pays de montagnes, qu'il faut juger de leur climat. Cette position est, en effet, singulièrement modifiée par l'*altitude* et par l'*exposition. Bonnes* et *Cauterets* sont assez exposés au vent froid du nord; la vallée profonde du *Bastan* place *Barèges* sans défense contre le vent d'ouest. *Ax* et *Luchon* sont, au contraire, assez protégés à l'exception d'un seul côté, ce qui fait que les grands courants y sont peu possibles. — L'altitude de *Bagnères-de-Luchon* est de 610 mètres; celle d'*Ax* est de 716 mètres; celle de *Bonnes,* de 952 mètres; celle des *Eaux-Chaudes,* 1,080 mètres; celle de l'établissement le plus bas de *Cauterets*, de 932 m., et celle de son établissement le plus élevé, de 1,147 m.; celle de *Baréges* est de 1,245 mètres. — Ces quelques données pourraient suffire à déterminer que *Baréges, Cauterets, Bonnes* et *Eaux-Chaudes*, ont leur climat moins clément qu'il n'est à *Luchon* et à *Ax*. Il est à remarquer cependant que *Bonnes* jouit d'un air tempéré très-convenable aux santés délicates et altérées. — Les thermes les plus favorisés sous ce rapport sont, sans contredit, ceux des Pyrénées-Orientales.

AMÉLIE-LES-BAINS, au pied de ces Pyrénées, à 3 kil. d'*Arles-sur-Tech*, offre toutes ressources balnéaires : bains, douches, piscines, étuves, salles d'inhalation; tout s'y trouve. Ces eaux, variées de 40 à 61°, conviennent pour toutes les maladies à combattre par les eaux sulfureuses; elles sont plus spéciales pour les affections de poitrine.

VERNET (le), moins avancé dans la chaîne pyrénéenne et au pied (nord-ouest) du Canigou, a la température de ses eaux de 33 jusqu'à 56°. Leurs propriétés, analogues à celles d'*Amélie*, sont recommandées dans les cas de phthisie où l'on veut utiliser l'action des vapeurs sulfureuses. Le grand avantage que présentent *le Vernet* et *Amélie-les-Bains*, est que les malades peuvent passer l'hiver auprès de leurs sources.

Dans cette notice sur les *eaux minérales*, le lecteur a dû distinguer celles qui sont *salines-séléniteuses*, dont nous avons cité les plus fréquentées : *Bagnères-de-Bigorre, Encausse, Sainte-Marie, Siradan*. — Il reste à dire quelques mots d'une de celles qui sont simplement *salines*.

USSAT, que l'Ariége sépare de la route allant à Ax distant de 20 kil. sud-est, fournit les bains les plus remarquables de ceux de ce dernier genre; et les eaux y ont été très-bien aménagées par M. François, malgré les difficultés occasionnées par le voisinage de l'Ariége, qui parfois, auparavant, envahissait les baignoires. — Ces eaux sont spécialement employées contre les affections nerveuses, les hypocondries et les maladies qui tiennent à l'organisation particulière de la femme; elles préparent les malades à l'usage des eaux sulfureuses, et calment la surexcitation que ces dernières occasionnent ou développent.

GARE DU CHEMIN DE FER.

Stations et particularités du parcours.

---

198 kilom. de BORDEAUX à BAYONNE, divisés ainsi :

Pessac..	6	Salles.	11	* Dax.	7
Gazinet.	5	Ichoux.	13	Rivière.	10
Pierroton.	7	Labouheyre.	13	Saubusse.	5
Mios.	5	Sabres	8	Saint-Géours.	4
Marcheprime.	4	* Morcens.	12	Saint-Vincent .	6
Canauley.	6	Rion.	14	Labenne.	12
Facture.	4	Laluque	11	Le Boucau.	10
* Lamothe (1).	3	Buglose.	7	BAYONNE.	3
Caudos.	12				

Sortant de la gare Saint-Jean, quartier sud, et à 3 kil. de Bordeaux, en quelques minutes on arrive à *Pessac*, pays essentiellement vinicole. Ces riches plaines en vins de bon crû règnent encore pendant plusieurs stations. — A *Lamothe* est la bifurcation de la voie ferrée; par la droite, elle arrive à la *Teste*, petite ville bâtie sur le bord méridional du bassin d'*Arcachon*, port de cabotage le plus fréquenté de la côte. Ce parcours de 15 kil. est fractionné en 4 stations très-rapprochées : le *Teich*, *Mistras*, *Gujon*, la *Hume*.

La voie de Bayonne, au contraire, se dirigeant à droite, ne tarde pas à prendre une monotonie complète, et c'est, en effet, 6 kil. après la station d'*Ichoux* qu'on entre dans le triste département des Landes. — A *Morcens*, on a l'embranchement qui se dirige sur *Mont-de-Marsan* en 38 kil., et de là par *Nogaro* et *Castelnau* sur *Tarbes* en 100 kil. environ. Cinq quarts d'heure de plus de parcours, toujours dans les terrains sableux des Landes; et *Dax*, que l'on aperçoit à distance sur la gauche, vient un peu délasser les regards. — C'est de sa gare, à 2 kil. de la ville, que part l'embranchement qui le reliera au chemin des Pyrénées, à 30 kil. environ avant *Orthez*. La monotonie de la route n'est toujours interrompue que par quelques bouquets de pins auprès desquels sont aussi parfois de chétives chaumières. Elle cesse enfin : la campagne a pris un aspect plus vivant, quelques fragments même des bords de l'Océan se sont rapidement montrés sur la droite;... on se trouve à Bayonne.

---

(1) **Les gares d'embranchement sont distinguées par une** *.

257 kilom. de BORDEAUX à TOULOUSE, divisés ainsi :

Bègles	6	Gironde	4	St-Nicolas	5
Villenave-d'Or.	1	LA RÉOLE	5	La Mogistère	6
Cadaujac	2	Lamothe-Land.	6	Valence-d'Agen	6
St-Médard-d'Ey.	5	Ste-Bazeille	5	Malauze	7
Beautiran	5	MARMANDE	7	MOISSAC	9
Portet	2	Faugueroles	10	CASTELSARRASIN.	9
Arbanats	3	Tonneins	7	Lavilledieu	8
Podensac	4	Ficolle	8	* MONTAUBAN	11
Cérons	2	Aiguillon	4	Montbartier	12
Barsac	4	Port-Ste-Marie	8	Dieupentale	7
Preignac	3	Fourtic	6	Grisolles	5
Langon	5	St-Hilaire	5	Castelnau-d'E.	5
St-Macaire	3	Colayrac	3	St-Jory	6
St-Pierre-d'Aur.	3	* AGEN	6	Lacourtensourt.	9
Gaudrot	4	Sauveterre	9	* TOULOUSE	7

Le chemin de fer, auquel la gare Saint-Jean est commune avec celui de Bayonne, suit, après la traversée d'une tranchée, la fertile rive gauche de la Garonne; mais le fleuve est trop éloigné pour être aperçu. — A *Langon*, la voie le franchit sur un pont de trois arches en tôle, et tout près, la route de terre le franchit aussi sur un pont suspendu. Au pont de la voie de fer succède un long viaduc en pierre de trente-deux arches, pour laisser passage aux eaux dans les grandes crues de la Garonne, sur la rive droite de laquelle on se trouve alors, pour ne plus la quitter jusqu'à Toulouse.

C'est entre la station de *Saint-Pierre d'Aurillac* et celle de *Gaudrot* que vient y déboucher le canal *Latéral*; après quoi l'on jouit bientôt du pittoresque point de vue que présente *La Réole* et tout ce qui l'entoure ou l'avoisine. — Le chemin passe ensuite à *Lamothe-Landeron*, d'où il s'élève sur le plateau de la haute plaine devant *Sainte-Bazeille*. — Par un seul alignement de 20 kil., et droit au niveau du terrain, il va passer à *Marmande* et à *Tonneins*; en ce point, il descend dans la plaine submersible, va traverser le Lot par un de ces ponts en tôle, prisons du voyageur, qui a tout juste eu le temps cependant de voir le pont de sept arches en pierre, par lequel la route de terre franchit la même rivière. Il contourne le coteau entre *Aiguillon* et *Sainte-Marie*, où il a sa chaussée en partie posée dans le fleuve et à niveau du tablier du pont suspendu, établi devant cette ville; s'appuyant, à partir de ce point, sur le revers des coteaux à la limite des inondations du fleuve, il débouche dans la plaine de *Saint-Hilaire*. — Après avoir passé sous le canal Latéral et croisé la route impériale, le chemin traverse à 46 m. 75, avant son entrée en gare d'*Agen*, la rue Saint-Côme ; le voyageur a déjà vu, à sa droite, le beau pont de vingt-trois arches, sur lequel le canal traverse la Garonne, et ses yeux se reposent agréablement sur l'amphithéâtre de jardins en terrasse et de maisons de campagne, garnissant les collines au pied desquelles il se trouve. Dans tout ce parcours, il a traversé des vallées dont la fertilité est devenue proverbiale : tous les produits agricoles y abondent.

Agen dépassé, on continue d'avoir, à gauche, la route de terre et le canal courant parallèlement à peu de distance, tandis qu'on a toujours la Garonne à la droite ; et le Gers vient s'y joindre. — Avant d'arriver à *Valence-d'Agen*, on traverse de nouveau le canal. Après *Malauze*, ce ne sont plus les rives de la Garonne qu'on aperçoit ; son cours, se perdant dans les peupliers de ses îles et de ses bords, est remonté au sud ; ce sont celles du Tarn qui est venu y joindre ses eaux au port de *Boudou*, dont le village se montre à distance à gauche au pied d'un coteau. — La route de terre traverse le Tarn à *Moissac*, sur un beau pont de neuf arches, en pierre et brique ; un peu plus en amont, c'est le tour du canal à le traverser sur un autre superbe pont en pierre ; puis, après avoir décrit une forte courbe, offrant de beaux points de vue sur la ville, le canal, son beau pont et la vallée du Tarn, le voyageur en chemin de fer le traverse à son tour, mais emprisonné dans un pont métallique de 308 m. de long, garni de parois de 5 m. 50 d'élévation.

Un peu avant *Montauban*, on a pu voir l'embranchement du *Grand-Central*, qui doit relier cette ville à Périgueux, etc., et dont la gare communiquera avec celle du *Midi* au moyen du beau pont de sept arches, déjà construit sur le Tarn. Les charmants paysages et le joli point de vue que la ville de Montauban a offert au voyageur, lui font regretter jusqu'à Toulouse d'avoir quitté cette ville ; il n'a plus jusque-là qu'une campagne très-peu variée. Seulement, et à mesure qu'il approche du chef-lieu de la Haute-Garonne, il distingue de plus en plus la chaîne des Pyrénées, qui, dans l'horizon lointain qu'il a devant lui, semblent atteindre la voûte azurée. — Le voyageur ne jouit que très-imparfaitement de la vue de *Toulouse* avant d'y arriver; et dès qu'il y entre en gare, après avoir franchi la route de Lyon sur un pont de fer, il voit à sa gauche le grand édifice de l'Ecole vétérinaire, le joli coteau qui le domine couverts de villas, couronné par un bel Observatoire et par l'Obélisque mémorative de la bataille de 1814; il se trouve ensuite, s'il continue sa route, emprisonné dans une tranchée jusqu'après la ville.

220 kilom. de TOULOUSE à CETTE, divisés ainsi :

Escalquens. . . .	13	Bram.	6	Marcorignan. . .	5
Montlaur.	6	Alzonne..	7	* NARBONNE . . .	9
Baziége.	4	Pezens.	7	Coursan	7
Villenouvelle. . .	4	CARCASSONNE	8	Nissan	9
VILLEFRANCHE. . .	6	Trèbes	7	* BEZIERS.	10
Avignonet	7	Floure	5	Villeneuve. . . .	6
Ségala	5	Capendu	5	Vias.	12
Mas-Stes-Puelles	5	Moux.	8	* Agde.	3
* CASTELNAUDARY	5	Lésignan.	11	Les Onglous. . .	6
Pexiora.	8	Villedaigne. . . .	8	* CETTE.	18

A partir de Toulouse, le chemin de fer a commencé de suivre le canal du *Midi ;* il remonte avec lui, à quelques petites variantes près, la vallée du Lhers jusqu'au point culminant de *Naurouse,* qui est celui où les eaux du canal prennent leur versant; à l'ouest, vers l'Océan; à l'est vers la Méditerranée. La voie, elle aussi, qui a monté insensiblement depuis Bordeaux, ne tarde pas à aller peu à peu en descente dans la direction de l'est.

Le canal traversé sur un pont en brique en dessous d'*Avignonet,* on entre bientôt dans le département de l'Aude, et on découvre à gauche, au-delà de Montferrand, élevé sur un promontoire, le monument érigé en forme d'obélisque à la mémoire de Riquet, sur la hauteur et les *pierres de Naurouze.* Une vaste plaine s'étend jusqu'à la montagne Noire et aux alentours de Castelnaudary qui la domine, et d'où partira l'embranchement projeté sur *Castres.* — On continue à côtoyer le canal, maintenant à gauche, ainsi que la route de terre. Après une tranchée vient *Pezens ;* après une autre, assez profonde, on entre dans la belle gare de *Carcassonne,* où sur ce point le canal a aussi un joli port. On se trouve là à **129** kil. de Cette, **91** kil. de Toulouse, **348** de Bordeaux.

Par un joli pont en pierre, on passe l'Aude, coulant à l'est de la ville et au pied de la montagne qui, sur la rive opposée, est couronnée par la vieille cité dont les fortifications antiques forment l'ensemble, le plus vaste et le plus complet qu'il y ait en France, de celles du moyen-âge. Les deux autres ponts en amont sont, l'un pour la route nouvelle, et l'autre pour la route ancienne. Le canal que l'on a franchi avant l'Aude a fui avec lui vers la gauche. De ce même côté apparaît toujours la montagne Noire barrant l'horizon, et dont le point culminant (*Signal du Nore*) a **1210** m. au-dessus de la mer. Les coteaux bas et rapprochés que suit la voie l'enlèvent bientôt aux regards du voyageur qui ne tarde pas, après Carcassonne, à être encaissé dans deux tranchées presque successives, et puis enfoncé dans un souterrain de **400** m. sous le coteau de *Berriac*.

Au-delà de *Trèbes*, on entre dans la région des oliviers. — **18** kil. plus loin et un peu après *Moux*, la voie s'éloigne de plus en plus de l'Aude et du canal, décrivant tous les deux une forte courbe au nord et finissant par s'éloigner aussi l'un de l'autre; elle se dirige directement à l'est, ne tarde pas à traverser la route de terre. — Après Lésignan, elle traverse l'Orbieu; le pays est celui des bonnes figues et du bon miel surtout. On traverse encore la route de terre, puis et après *Marcorignan*, la prise d'eau de *Narbonne*, et sortant d'une gorge, on voit s'ouvrir à l'est une vaste plaine couverte d'oliviers au milieu de laquelle les monuments de cette antique ville attirent les regards. On arrive à sa gare, après avoir traversé la route et la *Robine*, canal communiquant à celui du *Midi*. — Après *Coursan*, et à l'horizon de gauche, commencent à apparaître les *Cévennes*; sur la droite sont des coteaux cultivés assez rapprochés; on franchit successivement et à **1** kil. de distance l'un de l'autre quatre petits canaux dont le dernier est celui de fuite de l'étang de *Capestang*. — Après *Nissan*, et au sortir d'une tranchée, on s'enfonce bientôt dans un tunnel de **500** m.; il traverse le col de *Malpas* ou montagne d'*Enserune*, plateau séparatif de la vallée de l'Aude d'avec celle de l'Orb. Il y a cela de curieux

en cet endroit, mais qu'on ne voit pas, c'est qu'au-dessus
du tunnel en existe un autre par lequel le canal traverse le
même massif, et qu'en dessous, est encore la galerie dite de
Montady le traversant aussi; il n'y a que 3 m. de terre
entre le tunnel de la voie et le lit du canal superposé. On
l'avait à gauche en entrant dans le souterrain; en en sortant, il se trouve être à droite, parce que la traversée s'est
faite en diagonale. Au loin, vers le sud, on aperçoit les flancs
dénudés et les pics du *Canigou*. — Au sortir d'une tranchée
profonde, on découvre, au nord-est, la ville de Beziers, pitto-
resquement étayée en amphithéâtre, au pied duquel coule
l'Orb, et dominée par sa cathédrale.

On franchit l'Orb sur un pont de pierre de cinq arches.
Un peu au-dessus, est le pont neuf de la route de terre,
au-delà duquel on aperçoit aussi le vieux pont gothique; en
aval, au contraire, est le superbe pont à galeries intérieures
sur lequel le canal du *Midi* vient, après être descendu par
sept écluses successives, passer aussi de l'autre côté de
l'Orb. — Près de la gare de Beziers vient s'embrancher le
chemin de fer de *Graissessac*. — En s'éloignant de cette
gare, on a toujours à sa droite le canal; une plaine vaste et
fertile s'étend jusqu'à la mer; sur la gauche, la campagne est
accidentée de coteaux, et partout elle a pour parure la vigne
et l'olivier toujours vert. Après Vias, c'est un ruisseau (les
Ardaillons), que l'on traverse sur un pont de trois petites
arches, puis le canal passant à gauche, traversant l'Hérault
et allant à 10 kilom. s'emboucher dans l'étang de Thau. Puis
et toujours avant Agde, ce sont quatre déversoirs franchis
sur des ponts à une et plusieurs arches.

Les regards sont attirés à droite par deux hautes émi-
nences dominant Agde et son cap; sur la plus haute, qui
jadis a vomi le feu, est l'hermitage *Saint-Loup* et un phare
de premier ordre à feu tournant. C'est aux abords d'Agde
que sera l'embranchement qui, passant près des villages de
Bessan, Saint-Thibéry, Nézignan, ira à *Pezénas;* et de là
suivant toujours la vallée de l'Hérault, et passant près *Lé-
zignan, Usclas, Canet,* arrivera à la gare de Clermont.

La voie au sortir de la gare d'Agde, qui est à quelques
minutes de la ville, franchit le canalet, et presque immédiatement l'Hérault, sur un pont de sept travées de 17 m.
On entre alors dans une tranchée volcanique, au sortir de
laquelle on s'aperçoit bientôt qu'aux coteaux verdoyants ont
succédé l'aridité et les marécages. — Après le pont des
Onglous qui donne son nom à la station, le canal a débouché
dans l'étang séparé de la Méditerranée dans le sens de sa
longueur par une étroite langue de terre, ayant à peine, en

certains endroits, 0,51 c. au-dessus de la mer. C'est sur cette langue de terre presque dénudée de végétation, et se continuant jusqu'au pied de la montagne qui masque complètement Cette bâtie sur le versant opposé, que le voyageur est emporté par la vapeur, l'espace de 18 kilom.

Ce parcours n'est pas si monotone qu'on pourrait le croire. D'un côté, en effet, la mer change d'aspect à tout instant ; de l'autre, l'étang, dont la longueur est de 16 kilom. sur 8 de large, est presque constamment sillonné de barques et quelquefois de vapeurs; sur la côte septentrionale se présentent tour à tour *Marseillan*, *Mèze*, *Bouzigues* et un peu plus dans les terres *Balaruc*. C'est à travers ce panorama aquatique, qui, vers ce dernier point, a pour horizon des roches et montagnes volcaniques, qu'on arrive dans la gare de Cette jusqu'alors invisible.

63 kilom. de NARBONNE à PERPIGNAN, divisés ainsi :

| Sainte-Lucie. . . | 16 | Leucate. . . . . . | 11 | Rivesaltes . . . . | 9 |
| La Nouvelle. . . | 5 | Salces. . . . . . . | 13 | **PERPIGNAN** . | 8 |

A 800 m. de la gare de Narbonne, le chemin de fer rejoint la voie du raccordement qui va directement à Carcassonne ; puis, traversant la route de terre, se dirige au sud-est pour venir longer le canal qui suit une langue de terre séparative de deux étangs, et débouche dans le port de la Nouvelle ; comme le canal, il passe dans l'île Sainte-Lucie ; il franchit le chenal de la Nouvelle sur un pont en tôle de 70 m. d'ouverture. — Au-delà, la voie ferrée passe entre la mer et l'étang de la *Palme*, sur l'îlot qui les sépare.

Il passe à 2 kil. de *Leucate* qu'il laisse au sud-est, et dont le terroir plus élevé a nécessité une tranchée. Alors abandonnant les étangs et les îlots, il se rapproche de la route de terre pour la traverser même près de *Fitou*; il la laisse à sa gauche dans tout le reste du parcours jusqu'à Perpignan. Ce parcours est marqué par des tranchées assez longues, la contrée se trouvant dans le voisinage des montagnes.

Arrivés à *Rivesaltes*, on franchit l'Agli sur un pont de 150 m. de long ; le beau groupe du Canigou devient de plus en plus distinct ; du côté de la mer, au contraire, on peut apercevoir à 6 kilom. *est* de Perpignan, une vieille tour, une chapelle et quelques ruines, seuls restes de l'antique ville de *Rouskino*, d'où le nom de *Roussillon*; elle était, comme l'est Perpignan, située sur la rive droite du Tet. C'est à la rive gauche, et après le *Vernet*, que se trouve la gare ; on a devant soi le beau château-fort de style mauresque (le Castillet), qui flanque et défend la porte de *France*.

51 kilom. de BEZIERS à GRAISSESSAC, divisés ainsi :

Beziers	0,0	Puissalicon }		Faugères.	8,0
Lieuran.	7,2	Magalas } .	2,8	Bédarieux. . . .	9,5
Espondeilhan . .	7,3	Laurens.	6,7	Gare d'Estrechous	9,5

Ce tronçon de voie ferrée, établi pour desservir le bassin houiller de Graissessac, dont les mines sont à 2 kil. nord de la gare d'*Estrechous*, a nécessité, dans ces pays montagneux, des travaux d'art énormes. — A Beziers, il a sa gare dans le bas-fonds ou la plaine, auprès du canal et de celle du *Midi*; il monte insensiblement de là par des tranchées. Après avoir passé sous la route de Beziers à Pezénas, il suit les vallons du ruisseau Libron, qu'il traverse sur un pont de pierre auprès de *Lieuran*, gagnant toujours un peu d'élévation, quoique presque toujours encaissé.

Dans le parcours de *Laurens* à *Faugères*, le chemin de fer traverse par deux fois la route de Bédarieux. — Il se trouve dès-lors en présence des montagnes ; déjà elles nécessitent deux petits souterrains ; mais à 2 kil. de Faugères, et après avoir traversé pour la troisième fois la route, vient le grand souterrain de *Pétafi*, qui a 1,500 m. de long, à 109 m. 23 c. d'enfoncement au-dessous du sommet de la montagne. Puis, à 2 kil. 800 m., vient celui de la *Caumette*, long de 1 kil., et à 152 m. 30 c. du sommet ; à ce dernier succède immédiatement celui de *Saint-Raphael*, et ceux de *Vèbres* et de *Tourbelle*, qui ont 2 kil.

C'est au sortir du dernier de ces souterrains qu'on se trouve dans la gare de *Bédarieux*, après laquelle on traverse de suite et la route de Lodève et l'Orb, sur un viaduc en pierre de 37 arches, long de 900 m. et élevé de 23 m. 63 c. De ce point, la vue plonge dans la longue et verdoyante vallée de l'Orb, avec laquelle contrastent singulièrement les montagnes pelées qui l'enclavent.

Un parcours de 2 kil. conduit au souterrain du *Four à Chaux*; dans sa longueur de 500 m., on se trouve à 54 m. en dessous du sommet de la montagne. Après autres 2 kil., et entre deux petits souterrains, vient un viaduc de 9 arches de 12 m. 36 c. d'ouverture et 35 m. 83 c. d'élévation ; 1 kil. plus loin, on se trouve pendant un parcours égal enfoncé dans le souterrain Saint-Étienne, à 41 m. du sommet ; c'est le dernier. Il n'y a plus que la même distance à parcourir en plein air pour arriver à la gare d'*Estrechous.*

www.ingramcontent.com/pod-product-compliance
Lightning Source LLC
Chambersburg PA
CBHW050009100426
42739CB00011B/2569